Autores varios

Constitución
de México de 1917

Barcelona **2024**
Linkgua-ediciones.com

Créditos

Título original: Constitución de México.

© 2024, Red ediciones S.L.

e-mail: info@linkgua.com

Diseño de cubierta: Michel Mallard.

ISBN rústica: 978-84-9816-124-3.
ISBN ebook: 978-84-9897-155-2.

Sumario

Créditos _____ **4**

Título I _____ **9**
   Capítulo I. De las Garantías Individuales_____9

Título II _____ **38**
   Capítulo I. De los Mexicanos_____38
   Capítulo III. De los Extranjeros _____39
   Capítulo IV. De los Ciudadanos Mexicanos _____39

Título II _____ **42**
   Capítulo I. De la Soberanía Nacional y de la Forma de Gobierno_____42
   Capítulo II. De las Partes Integrantes de la Federación y del Territorio Nacional _____43

Título III _____ **45**
   Capítulo I. De la División de Poderes _____45
   Capítulo II. Del Poder Legislativo _____45
     Sección I. De la Elección e Instalación del Congreso _____45
     Sección II. De la Iniciativa y Formación de las Leyes_____52
     Sección III. De las Facultades del Congreso _____54
     Sección IV. De la Comisión Permanente _____67
     Sección V. De la fiscalización superior de la Federación_____67
   Capítulo III. Del Poder Ejecutivo _____68
   Capítulo IV. Del Poder Judicial _____73

Título IV. De las Responsabilidades de los Servidores Públicos _____ **85**

Título V. De los Estados de la Federación _____ **90**

Título VI. Del Trabajo y de la Previsión Social_____ **98**

Título VII. Prevenciones Generales _____ **111**

Título VIII. De las Reformas de la Constitución _____ **116**

Título IX. De la Inviolabilidad de la Constitución _____ **117**

Libros a la carta _____ **123**

Título I

(31 de enero de 1917)

Capítulo I. De las Garantías Individuales

Artículo 1. En los Estados Unidos Mexicanos todo individuo gozará de las garantías que otorga esta Constitución, las cuales no podrán restringirse ni suspenderse, sino en los casos y con las condiciones que ella misma establece.

Artículo 2. Está prohibida la esclavitud en los Estados Unidos Mexicanos. Los esclavos del extranjero que entren al territorio nacional alcanzarán, por ese solo hecho, su libertad y la protección de las leyes.

Artículo 3. La educación que imparta el Estado —Federación, Estados, Municipios— tenderá a desarrollar armónicamente todas las facultades del ser humano y fomentará en él, a la vez, el amor a la Patria y la conciencia de la solidaridad internacional en la independencia y en la justicia:

I. Garantizada por el **Artículo** 24 la libertad de creencias, el criterio que orientará a dicha educación se mantendrá por completo ajeno a cualquier doctrina religiosa y, basado en los resultados del progreso científico, luchará contra la ignorancia y sus efectos, las servidumbres, los fanatismos y los prejuicios.

Además:

a) Será democrático, considerando a la democracia no solamente como una estructura jurídica y un régimen político, sino como un sistema de vida fundado en el constante mejoramiento económico, social y cultural del pueblo;

b) Será nacional, en cuanto —sin hostilidades ni exclusivismos— atenderá a la comprensión de nuestros problemas, al aprovechamiento de nuestros recursos, a la defensa de nuestra independencia política, al aseguramiento

9

de nuestra independencia económica y a la continuidad y acrecentamiento de nuestra cultura, y

c) Contribuirá a la mejor convivencia humana, tanto por los elementos que aporte a fin de robustecer en el educando, junto con el aprecio para la dignidad de la persona y la integridad de la familia, la convicción del interés general de la sociedad, cuanto por el cuidado que ponga en sustentar los ideales de fraternidad e igualdad de derechos de todos los hombres, evitando los privilegios de razas, de sectas, de grupos, de sexos o de individuos;

II. Los particulares podrán impartir educación en todos sus tipos y grados. Pero por lo que concierne a la educación primaria, secundaria y normal (y a la de cualquier tipo o grado, destinada a obreros y a campesinos) deberán obtener previamente, en cada caso, la autorización expresa del poder público. Dicha autorización podrá ser negada o revocada, sin que contra tales resoluciones proceda juicio o recurso alguno;

III. Los planteles particulares dedicados a la educación en los tipos y grados que especifica la fracción anterior deberán ajustarse, sin excepción, a lo dispuesto en los párrafos iniciales I y 11 del presente **Artículo** y, además, deberán cumplir los planes y los programas oficiales;

IV. Las corporaciones religiosas, los ministros de los cultos, las sociedades por acciones que, exclusiva o predominantemente, realicen actividades educativas, y las asociaciones o sociedades ligadas con la propaganda de cualquier credo religioso, no intervendrán en forma alguna en planteles en que se imparta educación primaria, secundaria y normal y la destinada a obreros o a campesinos;

V. El Estado podrá retirar discrecionalmente, en cualquier tiempo, el reconocimiento de validez oficial a los estudios hechos en planteles particulares;

VI. La educación primaria será obligatoria;

VII. Toda la educación que el Estado imparta será gratuita;

VIII. Las universidades y las demás instituciones de educación superior a las que la ley otorgue autonomía, tendrán la facultad y la responsabilidad de gobernarse a sí mismas; realizarán sus fines de educar, investigar o difundir la cultura de acuerdo con los principios de este **Artículo**, respetando la libertad de cátedra e investigación y de libre examen y discusión de las ideas; determinarán sus planes y programas; fijarán los términos de ingreso, promoción y permanencia de su personal académico; y administrarán su patrimonio. Las relaciones laborales, tanto del personal académico como del administrativo, se normarán por el apartado A del **Artículo** 123 de esta Constitución, en los términos y con las modalidades que establezca la Ley Federal del Trabajo conforme a las características propias de un trabajo especial de manera que concuerden con la autonomía, la libertad de cátedra e investigación y los fines de las instituciones a que esta fracción se refiere;

IX. El Congreso de la Unión, con el fin de unificar y coordinar la educación en toda la República, expedirá las leyes necesarias, destinadas a distribuir la función social educativa entre la Federación, los Estados y los Municipios, a fijar las aportaciones económicas correspondientes a ese servicio público y a señalar las sanciones aplicables a los funcionarios que no cumplan o no hagan cumplir las disposiciones relativas, lo mismo que a todos aquellos que las infrinjan.

Artículo 4. El varón y la mujer son iguales ante la ley. Esta protegerá la organización y el desarrollo de la familia.

Toda persona tiene derecho a decidir de manera libre, responsable e informada sobre el número y el espaciamiento de sus hijos.

Toda persona tiene derecho a la protección de la salud. La ley definirá las bases y modalidades para el acceso a los servicios de salud y establecerá la concurrencia de la Federación y las entidades federativas en materia de

11

salubridad general, conforme a lo que dispone la fracción XVI del **Artículo** 73 de esta Constitución.

Toda familia tiene derecho a disfrutar de vivienda digna y decorosa. La ley establecerá los instrumentos y apoyos necesarios a fin de alcanzar tal objetivo.

Es deber de los padres preservar el derecho de los menores a la satisfacción de sus necesidades y a la salud física y mental. La ley determinará los apoyos a la protección de los menores, a cargo de las instituciones públicas.

Artículo 5. A ninguna persona podrá impedirse que se dedique a la profesión, industria, comercio o trabajo que la acomode, siendo lícitos. El ejercicio de esta libertad solo podrá vedarse por determinación judicial, cuando se ataquen los derechos de tercero, o por resolución gubernativa, dictada en los términos que marque la ley, cuando se ofendan los derechos de la sociedad. Nadie puede ser privado del producto de su trabajo, sino por resolución judicial.

La ley determinará en cada Estado cuáles son las profesiones que necesitan título para su ejercicio, las condiciones que deban llenarse para obtenerlo y las autoridades que han de expedirlo.

Nadie podrá ser obligado a prestar trabajos personales sin la justa retribución y sin su pleno consentimiento, salvo el trabajo impuesto como pena por la autoridad judicial, el cual se ajustará a lo dispuesto en las fracciones I y II del **Artículo** 123.

En cuanto a los servicios públicos, solo podrán ser obligatorios, en los términos que establezcan las leyes respectivas, el de las armas y los de jurados, así como el desempeño de los cargos concejales y los de elección popular, directa o indirecta. Las funciona electorales y censales, tendrán carácter obligatorio y gratuito. Los servicios profesionales de índole social serán obligatorios y retribuidos en los términos de la ley y con las excepciones que esta señale.

El Estado no puede permitir que se lleve a efecto ningún contrato, pacto o convenio que tenga por objeto el menoscabo, la pérdida o el irrevocable sacrificio de la libertad de la persona, ya sea por causa de trabajo, de educación o de voto religioso. La ley, en consecuencia, no permite el establecimiento de ordenes monásticas, cualquiera que sea la denominación u objeto con que pretendan erigirse.

Tampoco puede admitirse convenio en que la persona pacte su proscripción o destierro, o en que renuncie temporal o permanentemente a ejercer determinada profesión, industria o comercio.

El contrato de trabajo solo obligará a prestar el servicio convenido por el tiempo que fije la ley, sin poder exceder de un año en perjuicio del trabajador, y no podrá extenderse, en ningún caso, a la renuncia, pérdida o menoscabo de cualquiera de los derechos políticos o civiles.

La falta de cumplimiento de dicho contrato, por lo que respecta al trabajador, solo obligará a este a la correspondiente responsabilidad civil, sin que en ningún caso pueda hacerse coacción sobre su persona.

Artículo 6. La manifestación de las ideas no será objeto de ninguna inquisición judicial o administrativa, sino en el caso de que ataque a la moral, los derechos de tercero, provoque algún delito o perturbe el orden público; el derecho a la información será garantizado por el Estado.

Artículo 7. Es inviolable la libertad de escribir y publicar escritos sobre cualquier materia. Ninguna ley ni autoridad puede establecer la previa censura, ni exigir fianza a los autores o impresores, ni coartar la libertad de imprenta, que no tiene más límites que el respeto a la vida privada, a la moral y a la paz pública. En ningún caso podrá secuestrarse la imprenta como instrumento del delito.

Las leyes orgánicas dictarán cuantas disposiciones sean necesarias para evitar que so pretexto de las denuncias por delitos de prensa, sean encarcelados los expendedores, «papeleros», operarios y demás empleados del establecimiento de donde haya salido el escrito denunciado, a menos que se demuestre previamente la responsabilidad de aquellos.

Artículo 8. Los funcionarios y empleados públicos respetarán el ejercicio del derecho de petición, siempre que esta se formule por escrito, de manera pacifica y respetuosa pero en materia política solo podrán hacer uso de ese derecho los ciudadanos de la República.

A toda petición deberá recaer un acuerdo escrito de la autoridad a quien se haya dirigido, la cual tiene obligación de hacerlo conocer en breve término al peticionario.

Artículo 9. No se podrá coartar el derecho de asociarse o reunirse pacíficamente con cualquier objeto licito; pero solamente los ciudadanos de la República podrán hacerlo para tomar parte en los asuntos políticos del país. Ninguna reunión armada tiene derecho de deliberar.

No se considerará ilegal, y no podrá ser disuelta, una asamblea o reunión que tenga por objeto hacer una petición o presentar una protesta por algún acto a una autoridad, si no se profieren injurias contra esta, ni se hiciere uso de violencia o amenazas para intimidarla u obligarla a resolver en el sentido que se desee.

Artículo 10. Los habitantes de los Estados Unidos Mexicanos tienen derecho a poseer armas en su domicilio, para su seguridad y legítima defensa, con excepción de las prohibidas por la ley federal y de las reservadas para el uso exclusivo del Ejército, Armada, Fuerza Aérea y Guardia Nacional. La ley federal determinará los casos, condiciones, requisitos y lugares en que se podrán autorizar a los habitantes la postración de armas.

Artículo 11. Todo hombre tiene derecho para entrar en la República, salir de ella, viajar por su territorio y mudar de residencia, sin necesidad de carta de seguridad, pasaporte, salvoconducto u otros requisitos semejantes. El ejercicio de este derecho estará subordinado a las facultades de la autoridad judicial, en los casos de responsabilidad criminal o civil, y a las de la autoridad administrativa, por lo que toca a las limitaciones que impongan las leyes sobre emigración, inmigración y salubridad general de la República, o sobre extranjeros perniciosos residentes en el país.

Artículo 12. En los Estados Unidos Mexicanos no se concederán títulos de nobleza, ni prerrogativas y honores hereditarios, ni se dará efecto alguno a los otorgados por cualquier otro país.

Artículo 13. Nadie puede ser juzgado por leyes privativas ni por tribunales especiales. Ninguna persona o corporación puede tener fuero, ni gozar más emolumentos que los que sean compensación de servicios públicos y estén fijados por la ley. Subsiste el fuero de guerra para los delitos y faltas contra la disciplina militar; pero los tribunales militares en ningún caso y por ningún motivo, podrán extender su jurisdicción sobre personas que no pertenezcan al Ejército. Cuando en un delito o falta del orden militar estuviese complicado un paisano, conocerá del caso la autoridad civil que corresponda.

Artículo 14. A ninguna ley se dará efecto retroactivo en perjuicio de persona alguna.

Nadie podrá ser privado de la vida, de la libertad o de sus propiedades, posesiones o derechos, sino mediante juicio seguido ante los tribunales previamente establecidos, en el que se cumplan las formalidades esenciales del procedimiento y conforme a las leyes expedidas con anterioridad al hecho.

En los juicios del orden criminal queda prohibido imponer, por simple analogía y aun por mayoría de razón, pena alguna que no esté decretada por una ley exactamente aplicable al delito que se trata.

En los juicios del orden civil, la sentencia definitiva deberá ser conforme a la letra o a la interpretación jurídica de la ley, y a la falta de esta se fundará en los principios generales del derecho.

Artículo 15. No se autoriza la celebración de tratados para la extradición de reos políticos, ni para la de aquellos delincuentes del orden común, que hayan tenido en el país donde cometieron el delito, la condición de esclavos; ni de convenios o tratados en virtud de los que se alteren las garantías y derechos establecidos por esta Constitución para el hombre y el ciudadano.

Artículo 16. Nadie puede ser molestado en su persona, familia, domicilio, papeles o posesiones, sino en virtud de mandamiento escrito de la autoridad competente, que funde y motive la causa legal del procedimiento. No podrá librarse ninguna orden de aprehensión o detención, sino por la autoridad judicial, sin que preceda denuncia, acusación o querella de un hecho determinado que la ley castigue con pena corporal, y sin que estén apoyadas aquellas por declaración, bajo protesta, de persona digna de fe o por otros datos que hagan probable la responsabilidad del inculpado, hecha excepción de los casos de flagrante delito en que cualquiera persona puede aprehender al delincuente y a sus cómplices, poniéndolos sin demora a disposición de la autoridad inmediata.

Solamente en casos urgentes, cuando no haya en el lugar ninguna autoridad judicial y tratándose de delitos que se persiguen de oficio, podrá la autoridad administrativa, bajo su más estrecha responsabilidad, decretar la detención de un acusado, poniéndolo inmediatamente a disposición de la autoridad judicial. En toda orden de cateo, que solo la autoridad judicial podrá expedir y que será escrita, se expresará el lugar que ha de inspeccionarse, la persona o personas que hayan de aprehenderse y los objetos que se buscan, a lo que únicamente debe limitarse la diligencia, levantándose al concluirla un acta circunstanciada, en presencia de dos testigos propuestos por el ocupante del lugar cateado o en su ausencia o negativa, por la autoridad que practique la diligencia.

La autoridad administrativa podrá practicar visitas domiciliarias únicamente para cerciorarse de que se han cumplido los reglamentos sanitarios y de policía; y exigir la exhibición de los libros y papeles indispensables para comprobar que se han acatado las disposiciones fiscales, sujetándose en estos casos a las leyes respectivas y a las formalidades prescritas para los cateos. La correspondencia que bajo cubierta circule por las estafetas, estará libre de todo registro, y su violación será penada por la ley.

En tiempo de paz ningún miembro del Ejército podrá alojarse en casa particular contra la voluntad del dueño, ni imponer prestación alguna. En tiempo de guerra los militares podrán exigir alojamiento, bagajes, alimentos y otras prestaciones, en los términos que establezca la ley marcial correspondiente.

Artículo 17. Ninguna persona podrá hacerse justicia por sí misma, ni ejercer violencia para reclamar su derecho.

Toda persona tiene derecho a que se le administre justicia por tribunales que estarán expeditos para impartirla en los plazos y términos que fijen las leyes, emitiendo sus resoluciones de manera pronta, completa e imparcial. Su servicio será gratuito, quedando, en consecuencia, prohibidas las costas judiciales.

Las leyes federales y locales establecerán los medios necesarios para que se garantice la independencia de los tribunales y la plena ejecución de sus resoluciones.

Nadie puede ser aprisionado por deudas de carácter puramente civil.

Artículo 18. Solo por delito que merezca pena corporal habrá lugar a prisión preventiva. El sitio de esta será distinto del que se destinare para la extinción de las penas y estarán completamente separados.

Los gobiernos de la Federación y de los Estados organizarán el sistema penal, en sus respectivas jurisdicciones, sobre la base del trabajo, la capacitación para el mismo y la educación como medios para la readaptación social del delincuente. Las mujeres compurgarán sus penas en lugares separados de los destinados a los hombres para tal efecto.

Los gobernadores de los Estados, sujetándose a lo que establezcan las leyes locales respectivas, podrán celebrar con la Federación convenios de carácter general, para que los reos sentenciados por delitos del orden común extingan su condena en establecimientos dependientes del Ejecutivo Federal.

La Federación y los gobiernos de los Estados establecerán instituciones especiales para el tratamiento de menores infractores.

Los reos de nacionalidad mexicana que se encuentren compurgando penas en países extranjeros, podrán ser trasladados a la República para que cumplan sus condenas con base en los sistemas de readaptación social previstos en este **Artículo**, y los reos de nacionalidad extranjera sentenciados por delitos del orden federal en toda la República, o del fuero común en el Distrito Federal, podrán ser trasladados al país de su origen o residencia, sujetándose a los tratados internacionales que se hayan celebrado para ese efecto. Los gobernadores de los Estados podrán solicitar al Ejecutivo Federal, con apoyo en las leyes locales respectivas, la inclusión de reos del orden común en dichos tratados. El traslado de los reos solo podrá efectuarse con su consentimiento expreso.

Artículo 19. Ninguna detención podrá exceder del término de tres días, sin que se justifique con un auto de formal prisión, en el que se expresarán: el delito que se impute al acusado; los elementos que constituyen aquel, lugar, tiempo y circunstancia de ejecución, y los datos que arroje la averiguación previa, los que deben ser bastantes para comprobar el cuerpo del delito y hacer probable la responsabilidad del acusado. La infracción de esta disposición hace responsable a la autoridad que ordene la detención o la consienta, y a los agentes, ministros, alcaides o carceleros que la ejecuten.

Todo proceso se seguirá forzosamente por el delito o delitos señalados en el auto de formal prisión. Si en la secuela de un proceso apareciere que se ha cometido un delito distinto del que se persigue, deberá ser objeto de acusación separada, sin perjuicio de que después pueda decretarse la acumulación, si fuere conducente.

Todo maltratamiento en la aprehensión o en las prisiones, toda molestia que se infiera sin motivo legal, toda gabela o contribución, en las cárceles son abusos que serán corregidos por las leyes y reprimidos por las autoridades.

Artículo 20. En todo juicio del orden criminal tendrá el acusado las siguientes garantías: I. Inmediatamente que lo solicite será puesto en libertad provisional bajo caución, que fijará el juzgador, tomando en cuenta sus circunstancias personales y la gravedad del delito que se le impute siempre que dicho delito, incluyendo sus modalidades, merezca ser sancionado con pena cuyo término medio aritmético no sea mayor de cinco años de prisión, sin más requisito que poner la suma de dinero respectiva, a disposición de la autoridad judicial, u otorgar otra caución bastante para asegurarla, bajo la responsabilidad del juzgador en su aceptación.

La caución no excederá de la cantidad equivalente a la percepción durante dos años del salario mínimo general vigente en el lugar en que se cometió el delito. Sin embargo, la autoridad judicial en virtud de la especial gravedad del delito, las particulares circunstancias personales del imputado o de la víctima, mediante resolución motivada, podrá incrementar el monto de la caución hasta la cantidad equivalente a la percepción durante cuatro años del salario mínimo vigente en el lugar en que se cometió el delito.

Si el delito es intencional y representa para su autor un beneficio económico o causa a la víctima daño y perjuicio patrimonial, la garantía será cuando menos tres veces mayor al beneficio obtenido o a los daños y perjuicios patrimoniales causados.

Si el delito es preterintencional o imprudencial, bastará que se garantice la reparación de los damos y perjuicios patrimoniales, y se estará a lo dispuesto en los dos párrafos anteriores; II. No podrá ser compelido a declarar en su contra, por lo cual queda rigurosamente prohibida toda incomunicación o cualquier otro medio que tienda a aquel objeto; III. Se le hará saber en audiencia pública, y dentro de las cuarenta y ocho horas siguientes a su consignación a la justicia, el nombre de su acusador y la naturaleza y causa de la acusación, a fin de que conozca bien el hecho punible que se le atribuye y pueda contestar el cargo, rindiendo en este acto su declaración preparatoria; IV. Será careado con los testigos que depongan en su contra, los que declararán en su presencia si estuviesen en el lugar del juicio, para que pueda hacerles todas las preguntas conducentes a su defensa; V. Se le recibirán los testigos y demás pruebas que ofrezca concediéndosele el tiempo que la ley estime necesario al efecto y auxiliándosele para obtener la comparecencia de las personas cuyo testimonio solicite siempre que se encuentren en el lugar del proceso; VI. Será juzgado en audiencia pública por un juez o jurado de ciudadanos que sepan leer y escribir, vecinos del lugar y partido en que se cometiere el delito, siempre que este pueda ser castigado con una pena mayor de un año de prisión. En todo caso serán juzgados por un jurado los delitos cometidos por medio de la prensa contra el orden público o la seguridad exterior o interior de la Nación; VII. Le serán facilitados todos los datos que solicite para su defensa y que consten en el proceso; VIII. Será juzgado antes de cuatro meses si se tratare de delitos cuya pena máxima no exceda de dos años de prisión; y antes de un año si la pena máxima excediere de ese tiempo; IX. Se le oirá en defensa por sí o por persona de su confianza, o por ambos, según su voluntad. En caso de no tener quien lo defienda, se le presentará lista de los defensores de oficio para que elija el que o los que le convengan.

Si el acusado no quiere nombrar defensores, después de ser requerido para hacerlo, al rendir su declaración preparatoria, el juez le nombrará uno de oficio. El acusado podrá nombrar defensor desde el momento en que sea aprehendido y tendrá derecho a que este se halle presente en todos los actos del juicio; pero tendrá obligación de hacerlo comparecer cuantas veces se necesite, y X. En ningún caso podrá prolongarse la prisión o detención, por falta de pago de honorarios de defensores o por cualquiera otra prestación de dinero, por causa de responsabilidad civil o algún otro motivo análogo.

Tampoco podrá prolongarse la prisión preventiva por más tiempo del que como máximo fije la ley al delito que motivare el proceso.

En toda pena de prisión que imponga una sentencia, se computará el tiempo de la detención.

Artículo 21. La imposición de las penas es propia y exclusiva de la autoridad judicial. La persecución de los delitos incumbe al Ministerio Público y a la policía judicial, la cual estará bajo la autoridad y mando inmediato de aquel. Compete a la autoridad administrativa la aplicación de sanciones por las infracciones de los reglamentos gubernativos y de policía las que únicamente consistirán en multa o arresto hasta por treinta y seis horas. Pero si el infractor no pagare la multa que se le hubiere impuesto, se permutará esta por el arresto correspondiente, que no excederá en ningún caso de treinta y seis horas.

Si el infractor fuese jornalero, obrero o trabajador, no podrá ser sancionado con multa mayor del importe de su jornal o salario de un día.

Tratándose de trabajadores no asalariados, la multa no excederá del equivalente a un día de su ingreso.

Artículo 22. Quedan prohibidas las penas de mutilación y de infamia, la marca, los azotes, los palos, el tormento de cualquier especie, la multa excesiva, la confiscación de bienes y cualesquiera otras penas inusitadas y trascendentales.

No se considerará como confiscación de bienes la aplicación total o parcial de los bienes de una persona hecha por la autoridad judicial, para el pago de la responsabilidad civil resultante de la comisión de un delito, o para el pago de impuestos o multas, ni el decomiso de los bienes en caso de enriquecimiento ilícito en los términos del **Artículo** 10.º

Queda también prohibida la pena de muerte por delitos políticos, y en cuanto a los demás, solo podrá imponerse al traidor a la Patria en guerra extranjera, al parricida, al homicida con alevosía, premeditación y ventaja, al incendiario, al plagiario, al salteador de caminos, al pirata y a los reos de delitos graves del orden militar.

Artículo 23. Ningún juicio criminal deberá tener más de tres instancias. Nadie puede ser juzgado dos veces por el mismo delito, ya sea que en el juicio se le absuelva o se le condene. Queda prohibida la practica de absolver de la instancia.

Artículo 24. Todo hombre es libre para profesar la creencia religiosa que más le agrade y para practicar las ceremonias, devociones o actos de culto respectivo en los templos o en su domicilio particular, siempre que no constituyan un delito o falta penados por la ley.

Todo acto religioso de culto público deberá celebrarse precisamente dentro de los templos, los cuales estarán siempre bajo la vigilancia de la autoridad.

Artículo 25. Corresponde al Estado la rectoría del desarrollo nacional para garantizar que este sea integral, que fortalezca la soberanía de la Nación y su régimen democrático y que, mediante el fomento del crecimiento económico y el empleo y una más justa distribución del ingreso y la riqueza, permita el pleno ejercicio de la libertad y la dignidad de los individuos, grupos y clases sociales, cuya seguridad protege esta Constitución

El Estado planeará, conducirá, coordinará y orientará la actividad económica nacional, y llevará a cabo la regulación y fomento de las actividades que demande el interés general en el marco de libertades que otorga esta Constitución.

Al desarrollo económico nacional concurrirán, con responsabilidad social, el sector público, el sector social y el sector privado, sin menoscabo de otras formas de actividad económica que contribuyan al desarrollo de la Nación.

El sector público tendrá a su cargo, de manera exclusiva, las áreas estratégicas que se señalan en el **Artículo** 28, párrafo cuarto de la Constitución, manteniendo siempre el Gobierno Federal la propiedad y el control sobre los organismos que en su caso se establezcan.

Asimismo, podrá participar por sí o con los sectores social y privado, de acuerdo con la ley, para impulsar y organizar las áreas prioritarias del desarrollo.

Bajo criterios de equidad social y productividad se apoyará e impulsará a las empresas de los sectores social y privado de la economía, sujetándolos a las modalidades que dicte el interés público y al uso, en beneficio general, de los recursos productivos, cuidando su conservación y el medio ambiente.

La ley establecerá los mecanismos que faciliten la organización y la expansión de la actividad económica del sector social: de los ejidos, organizaciones de trabajadores, cooperativas, comunidades, empresas que pertenezcan mayoritaria o exclusivamente a los trabajadores y, en general, de todas las formas de organización social para la producción, distribución y consumo de bienes y servicios socialmente necesarios.

La ley alentará y protegerá la actividad económica que realicen los particulares y proveerá las condiciones para que el desenvolvimiento del sector privado contribuya al desarrollo económico nacional, en los términos que establece esta Constitución.

Artículo 26. El Estado organizará un sistema de planeación democrática del desarrollo nacional que imprima solidez, dinamismo, permanencia y equidad al crecimiento de la economía para la independencia y la democratización política, social y cultural de la Nación.

Los fines del proyecto nacional contenidos en esta Constitución determinarán los objetivos de la planeación. La planeación será democrática. Mediante la participación de los diversos sectores sociales recogerá las aspiraciones y demandas de la sociedad para incorporarlos al plan y los programas de desarrollo. Habrá un plan nacional de desarrollo al que se sujetarán obligatoriamente los programas de la Administración Pública Federal.

La ley facultará al Ejecutivo para que establezca los procedimientos de participación y consulta popular en el sistema nacional de planeación democrática, y los criterios para la formulación, instrumentación, control y evaluación del plan y los programas de desarrollo. Asimismo, determinará los órganos responsables del proceso de planeación y las bases para que el Ejecutivo Federal coordine mediante convenios con los gobiernos de las entidades federativas e induzca y concierte con los particulares las acciones a realizar para su elaboración y ejecución.

En el sistema de planeación democrática, el Congreso de la Unión tendrá la intervención que señale la ley.

Artículo 27. La propiedad de las tierras y aguas comprendidas dentro de los límites del territorio nacional, corresponde originariamente a la Nación, la cual ha tenido y tiene el derecho de transmitir el dominio de ellas a los particulares, constituyendo la propiedad privada.

Las expropiaciones solo podrán hacerse por causa de utilidad pública y mediante indemnización.

La Nación tendrá en todo tiempo el derecho de imponer a la propiedad privada las modalidades que dicte el interés público, así como el de regular, en beneficio social, el aprovechamiento de los elementos naturales susceptibles de apropiación, con objeto de hacer una distribución equitativa de la riqueza pública, cuidar de su conservación, lograr el desarrollo equilibrado del país y el mejoramiento de las condiciones de la vida de la población rural y urbana.

En consecuencia, se dictarán las medidas necesarias para ordenar los asentamientos humanos y establecer adecuadas provisiones, usos, reservas y destinos de tierras, aguas y bosques, a efecto de ejecutar obras públicas y de planear y regular la fundación, conservación, mejoramiento y crecimiento de los centros de población; para preservar y restaurar el equilibrio ecológico; para el fraccionamiento de los latifundios; para disponer en los términos de la ley reglamentaria, la organización y explotación colectiva de los ejidos y comunidades; para el desarrollo de la pequeña propiedad agrícola en explotación; para la creación de nuevos centros de población agrícola con tierras y aguas que les sean indispensables; para el fomento de la agricultura y para evitar la destrucción de los elementos naturales y los daños que la propiedad pueda sufrir en perjuicio de la sociedad. Los núcleos de población que carezcan de tierras y aguas o no las tengan en cantidad suficiente para las necesidades de su población, tendrán derecho a que se les dote de ellas, tomándolas de las propiedades inmediatas, respetando siempre la pequeña propiedad agrícola en explotación.

Corresponde a la Nación el dominio directo de todos los recursos naturales de la plataforma continental y los zócalos submarinos de las islas; de todos los minerales o sustancias que en vetas, mantos, masas o yacimientos, constituyan depósitos cuya naturaleza sea distinta de los componentes de los terrenos, tales como los minerales de los que se extraigan metales y metaloides utilizados en la industria; los yacimientos de piedras preciosas, de sal de gema y las salinas formadas directamente por las aguas marinas; los productos derivados de la descomposición de las rocas, cuando su explotación necesite trabajos subterráneos; los yacimientos minerales u orgánicos de materias susceptibles de ser utilizadas como fertilizantes; los combustibles minerales sólidos; el petróleo y todos los carburos de hidrogeno sólidos, líquidos o gaseosos; y el espacio situado sobre el territorio nacional, en la extensión y términos que fije el derecho internacional.

Son propiedad de la Nación las aguas de los mares territoriales en la extensión y términos que fije el derecho internacional; las aguas marinas interiores; las de las lagunas y esteros que se comuniquen permanente o intermitentemente con el mar; la de los lagos interiores de formación natural que estén ligados directamente a corrientes constantes; las de los ríos y sus afluentes directos o indirectos, desde el punto del cauce en que se inicien las primeras aguas permanentes, intermitentes o torrenciales, hasta su desembocadura en el mar, lagos, lagunas o esteros de propiedad nacional; las de las corrientes constantes o intermitentes y sus afluentes directos o indirectos, cuando el cauce de aquellas en toda su extensión o en parte de ellas, sirva de límite al territorio nacional o a dos entidades federativas, o cuando pase de una entidad federativa a otra o cruce la línea divisoria de la República; las de los lagos, lagunas o esteros cuyos vasos, zonas o riberas, estén cruzadas por líneas divisorias de dos o más entidades o entre la República y un país vecino; o cuando el límite de las riberas sirva de lindero entre dos entidades federativas o a la República con un país vecino; las de los manantiales que broten en las playas, zonas marítimas, cauces, vasos o riberas de los lagos, lagunas o esteros de propiedad nacional, y las que se extraigan de las minas; y los cauces, lechos o riberas de los lagos y corrientes interiores en la extensión que fije la ley. Las aguas del subsuelo pueden ser libremente alumbradas mediante obras artificiales y apropiarse por el dueño del terreno; pero cuando lo exija el interés público o se afecten otros aprovechamientos, el Ejecutivo Federal podrá reglamentar su extracción y utilización y aun establecer zonas vedadas, al igual que para las demás aguas de propiedad nacional. Cualesquiera otras aguas no incluidas en la enumeración anterior, se considerarán como parte integrante de la propiedad de los terrenos por los que corran o en los que se encuentren sus depósitos, pero si se localizaren en dos o más predios, el aprovechamiento de estas aguas se considerará de utilidad pública, y quedará sujeto a las disposiciones que dicten los Estados. En los casos a que se refieren los dos párrafos anteriores, el dominio de la Nación es inalienable e imprescriptible y la explotación, el uso o el aprovechamiento de los recursos de que se trata, por los particulares o por sociedades constituidas conforme a las leyes mexicanas, no podrá realizarse sino mediante concesiones otorgadas por el Ejecutivo Federal, de acuerdo con las reglas y condiciones que establezcan las leyes. Las normas legales relativas a obras o trabajos de explotación de los minerales y sustancias a que se refiere el párrafo cuarto, regularán la ejecución y comprobación de los que se efectúen o deban efectuarse a partir de su vigencia, independientemente de la fecha de otorgamiento de las concesiones, y su inobservancia dará lugar a la cancelación de esta. El Gobierno Federal tiene la facultad de establecer reservas nacionales y suprimirlas. Las declaratorias correspondientes se harán por el Ejecutivo en los casos y condiciones que las leyes prevean. Tratándose del petróleo y de los carburos de hidrogeno, sólidos, líquidos o gaseosos o de minerales radiactivos, no se otorgarán concesiones ni contratos, ni subsistirán los que, en su caso, se hayan otorgado y la Nación llevará a cabo la explotación de esos productos, en los términos que señale la ley reglamentaria respectiva. Corresponde exclusivamente a la Nación generar, conducir, transformar, distribuir y abastecer energía eléctrica que tenga por objeto la prestación de servicio público. En esta materia no se otorgarán concesiones a los particulares y la Nación aprovechará los bienes y recursos naturales que se requieran para dichos fines.

Corresponde también a la Nación el aprovechamiento de los combustibles nucleares para la generación de energía nuclear y la regulación de sus aplicaciones en otros propósitos. El uso de la energía nuclear solo podrá tener fines pacíficos.

La Nación ejerce en una zona económica exclusiva situada fuera del mar territorial y adyacente a este, los derechos de soberanía y las jurisdicciones que determinen las leyes del Congreso. La zona económica exclusiva se extenderá a doscientas millas náuticas, medidas a partir de la línea de base desde la cual se mide el mar territorial. En aquellos casos en que esa extensión produzca superposición con las zonas económicas exclusivas de otros Estados, la delimitación de las respectivas zonas se hará en la medida en que resulte necesario, mediante acuerdo con estos Estados.

La capacidad para adquirir el dominio de las tierras y aguas de la Nación, se regirá por las siguientes prescripciones:

I. Solo los mexicanos por nacimiento n por naturalización y las sociedades mexicanas tienen derecho para adquirir el dominio de las tierras, aguas y sus accesiones o para obtener concesiones de explotación de minas o aguas.

El Estado podrá conceder el mismo derecho a los extranjeros, siempre que convengan ante la Secretaría de Relaciones en considerarse como nacionales respecto de dichos bienes y en no invocar, por lo mismo, la protección de sus gobiernos por lo que se refiere a aquellos; bajo la pena, en caso de faltar al convenio, de perder en beneficio de la Nación, los bienes que hubieren adquirido en virtud de lo mismo. En una faja de cien kilómetros a lo largo de las fronteras y de cincuenta en las playas, por ningún motivo podrán los extranjeros adquirir el dominio directo sobre tierras y aguas.

El Estado, de acuerdo con los intereses públicos internos y los principios de reciprocidad, podrá a juicio de la Secretaria de Relaciones, conceder autorización a los Estados extranjeros para que adquieran, en el lugar permanente de la residencia de los Poderes Federales, la propiedad privada de bienes inmuebles necesarios para el servicio directo de sus embajadas o legaciones;

II. Las asociaciones religiosas denominadas iglesias, cualquiera que sea su credo, no podrán en ningún caso, tener capacidad para adquirir, poseer o administrar bienes raíces, ni capitales impuestos sobre ellos; los que tuvieren actualmente, por sí o por interpósita persona, entrarán al dominio de la Nación concediéndose acción popular para denunciar los bienes que se hallaren en tal caso. La prueba de presunciones será bastante para declarar fundada la denuncia. Los templos destinados al culto público son de la propiedad de la Nación, representada por el Gobierno Federal, quien determinará los que deben continuar destinados a su objeto.

Los obispados, casas curales, seminarios, asilos o colegios de asociaciones religiosas, conventos o cualquier otro edificio que hubiere sido construido o destinado a la administración, propaganda o enseñanza de un culto religioso, pasarán desde luego, de pleno derecho, al dominio directo de la Nación, para destinarse exclusivamente a los servicios públicos de la Federación o de los Estados en sus respectivas jurisdicciones. Los templos que en lo sucesivo se erigieren para el culto público, serán propiedad de la Nación;

III. Las instituciones de beneficencia, pública o privada, que tengan por objeto el auxilio de los necesitados, la investigación científica, la difusión de la enseñanza, la ayuda reciproca de los asociados, o cualquier otro objeto licito, no podrán adquirir más bienes raíces que los indispensables para su objeto, inmediato o directamente destinados a él; pero podrán adquirir, tener y administrar capitales impuestos sobre bienes raíces, siempre que los plazos de imposición no excedan de diez años. En ningún caso as instituciones de esta índole podrán estar bajo el patronato, dirección, administración, cargo o vigilancia de corporaciones o instituciones religiosas, ni de ministros de los cultos o de sus asimilados, aunque estos o aquellos no estuvieren en ejercicio;

IV. Las sociedades comerciales, por acciones, no podrán adquirir, poseer o administrar fincas rústicas. Las sociedades de esta clase que se constituyeren para explotar cualquiera industria fabril, minera, petrolera, o para algún otro fin que no sea agrícola, podrán adquirir, poseer o administrar terrenos únicamente en la extensión que sea estrictamente necesaria para los establecimientos o servicios de los objetos indicados, y que el Ejecutivo de la Unión, o de los Estados, fijarán en cada caso;

V. Los bancos debidamente autorizados, conforme a las leyes de instituciones de crédito, podrán tener capitales impuestos sobre propiedades urbanas y rústicas de acuerdo con las prescripciones de dichas leyes, pero no podrán tener en propiedad o en administración más bienes raíces que los enteramente necesarios para su objeto directo;

VI. Fuera de las corporaciones a que se refieren las fracciones III, IV y V, así como los núcleos de población que de hecho o por derecho guarden el estado comunal, o de los núcleos dotados, restituidos o constituidos en centro de población agrícola, ninguna otra corporación civil podrá tener en propiedad o administrar por sí bienes raíces o capitales impuestos sobre ellos, con la única excepción de los edificios destinados inmediata y directamente al objeto de la institución.

Los Estados y el Distrito Federal, lo mismo que los Municipios de toda la República, tendrán plena capacidad para adquirir y poseer todos los bienes raíces necesarios para los servicios públicos.

Las leyes de la Federación y de los Estados en sus respectivas jurisdicciones, determinarán los casos en que sea de utilidad pública la ocupación de la propiedad privada, y de acuerdo con dichas leyes la autoridad administrativa hará la declaración correspondiente. El precio que se fijará como indemnización a la cosa expropiada, se basará en la cantidad que como valor fiscal de ella figure en las oficinas catastrales o recaudadoras, ya sea que este valor haya sido manifestado por el propietario o simplemente aceptado por el de un modo tácito por haber pagado sus contribuciones con esta base. El exceso de valor o el demérito que haya tenido la propiedad particular por las mejoras o deterioros ocurridos con posterioridad a la fecha de la asignación del valor fiscal, será lo único que deberá quedar sujeto a juicio pericial y resolución judicial. Esto mismo se observará cuando se trate de objetos cuyo valor no esté fijado en las oficinas rentísticas.

El ejercicio de las acciones que corresponden a la Nación, por virtud de las disposiciones del presente **Artículo**, se hará efectivo por el procedimiento judicial; pero dentro de este procedimiento y por orden de los tribunales correspondientes, que se dictará en el plazo máximo de un mes, las autoridades administrativas procederán desde luego a la ocupación, administración, remate o venta de las tierras o aguas de que se trate y todas sus accesiones, sin que en ningún caso pueda revocarse lo hecho por las mismas autoridades antes de que se dicte sentencia ejecutoriada;

VII. Los núcleos de población, que de hecho o por derecho guarden el estado comunal, tendrán capacidad para disfrutar en común las tierras, bosques y aguas que les pertenezcan o que se les hayan restituido o restituyeren.

Son de jurisdicción federal todas las cuestiones que por límites de terrenos comunales, cualquiera que sea el origen de estos, se hallen pendientes o se susciten entre dos o más núcleos de población. El Ejecutivo Federal se abocará al conocimiento de dichas cuestiones y propondrá a los interesados la resolución definitiva de las mismas. Si estuvieren conformes, la proposición del Ejecutivo tendrá fuerza de resolución definitiva y será irrevocable; en caso contrario, la parte o partes inconformes podrán reclamarla ante la Suprema Corte de Justicia de la Nación, sin perjuicio de la ejecución inmediata de la proposición presidencial.

La ley fijará el procedimiento breve conforme el cual deberán tramitarse las mencionadas controversias;

VIII. Se declararán nulas:

a) Todas las enajenaciones de tierras, aguas y montes pertenecientes a los pueblos, rancherías, congregaciones o comunidades, hechas por los jefes políticos, gobernadores de los Estados, o cualquiera otra autoridad local en contravención a lo dispuesto en la ley de 25 de junio de 1856 y demás leyes y disposiciones relativas.

b) Todas las concesiones, composiciones o ventas de tierras, aguas y montes, hechas por las Secretarias de Fomento, Hacienda o cualquiera otra autoridad federal, desde el 1.º de diciembre de 1876, hasta la fecha, con las cuales se hayan invadido y ocupado ilegalmente los ejidos, terrenos de común repartimiento o cualquiera otra clase, pertenecientes a los pueblos, rancherías, congregaciones o comunidades y núcleos de población.

c) Todas las diligencias de apeo o deslinde; transacciones, enajenaciones o remates practicados durante el período de tiempo a que se refiere la fracción anterior, por compañías, jueces u otras autoridades de los Estados o de la Federación, con los cuales se hayan invadido u ocupado ilegalmente tierras, aguas y montes de los ejidos, terrenos de común repartimiento, o de cualquier otra clase, pertenecientes a núcleos de población.

Quedan exceptuadas de la nulidad anterior, únicamente las tierras que hubieren sido tituladas en los repartimientos hechos con apego a la ley de 25 de junio de 1856 y poseídas en nombre propio a título de dominio por más de diez años, cuando su superficie no exceda de cincuenta hectáreas;

IX. La división o reparto que se hubiere hecho con apariencia de legítima entre los vecinos de algún núcleo de población y en la que haya habido error o vicio, podrá ser nulificada cuando así lo soliciten las tres cuartas partes de los vecinos que estén en posesión de una cuarta parte de los terrenos, materia de la división, o una cuarta parte de los mismos vecinos cuando estén en posesión de las tres cuartas partes de los terrenos;

X. Los núcleos de la población que carezcan de ejidos o que no puedan lograr su restitución por falta de títulos, por imposibilidad de identificarlos o porque legalmente hubieren sido enajenados, serán dotados con tierras y aguas suficientes para constituirlos, conforme a las necesidades de su población, sin que en ningún caso deje de concedérseles la extensión que necesiten, y al efecto se expropiará, por cuenta del Gobierno Federal, el terreno que baste a ese fin, tomándolo del que se encuentre inmediato a los pueblos interesados.

La superficie o unidad individual de dotación no deberá ser en lo sucesivo menor de diez hectáreas de terrenos de riego o humedad o, a falta de ellos, de sus equivalentes en otras clases de tierras, en los términos del párrafo 3.º de la fracción XV de este **Artículo**.

XI. Para los efectos de las disposiciones contenidas en este **Artículo** y de las leyes reglamentarias que se expidan, se crean:

a) Una dependencia directa del Ejecutivo Federal encargada de la aplicación de las leyes agrarias y de su ejecución.

b) Un cuerpo consultivo compuesto de cinco personas que serán designadas por el Presidente de la República y que tendrá las funciones que las leyes orgánicas reglamentarias le fijen.

c) Una comisión mixta compuesta de representantes iguales de la Federación, de los gobiernos locales, y de un representante de los campesinos, cuya designación se hará en los términos que prevenga la ley reglamentaria respectiva, que funcionará en cada Estado y en el Distrito Federal, con las atribuciones que las mismas leyes orgánicas y reglamentarias determinen.

d) Comités particulares ejecutivos para cada uno de los núcleos de población que tramiten expedientes agrarios.

e) Comisariados ejidales para cada uno de los núcleos de población que posean ejidos; XII. Las solicitudes de restitución o dotación de tierras o aguas se presentarán en los Estados directamente ante los gobernadores.

Los gobernadores turnarán las solicitudes a las comisiones mixtas, las que sustanciarán los expedientes en plazo perentorio y emitirán dictamen; los gobernadores de los Estados aprobarán o modificarán el dictamen de las comisiones mixtas y ordenarán que se de posesión inmediata de las superficies que, en su concepto, procedan. Los expedientes pasarán entonces al Ejecutivo Federal para su resolución.

Cuando los gobernadores no cumplan con lo ordenado en el párrafo anterior, dentro del plazo perentorio que fije la ley, se considerará desaprobado el dictamen de las comisiones mixtas y se turnará el expediente inmediatamente al Ejecutivo Federal.

Inversamente, cuando las comisiones mixtas no formulen dictamen en plazo perentorio, los gobernadores tendrán facultad para conceder posesiones en la extensión que juzguen procedente; XIII. La dependencia del Ejecutivo y el Cuerpo Consultivo Agrario dictaminarán sobre la aprobación, rectificación o modificación de los dictámenes formulados por las comisiones mixtas, y con las modificaciones que hayan introducido los gobiernos locales, se informará al C. Presidente de la República, para que este dicte resolución como suprema autoridad agraria; XIV. Los propietarios afectados con resoluciones dotatorias o restitutorias de ejidos o aguas que se hubiesen dictado en favor de los pueblos, o que en lo futuro se dictaren, no tendrán ningún derecho, ni recurso legal ordinario, ni podrán promover el juicio de amparo.

Los afectados con dotación, tendrán solamente el derecho de acudir al Gobierno Federal para que les sea pagada la indemnización correspondiente. Este derecho deberán ejercitarlo los interesados dentro del plazo de un año, a contar desde la fecha en que se publique la resolución respectiva en el Diario Oficial de la Federación. Fenecido ese término, ninguna reclamación será admitida.

Los dueños o poseedores de predios agrícolas o ganaderos, en explotación, a los que se hayan expedido, o en lo futuro se expida, certificado de inafectabilidad, podrán promover el juicio de amparo contra la privación o afectación agraria ilegales de sus tierras o aguas; XV. Las comisiones mixtas, los gobiernos locales y las demás autoridades encargadas de las tramitaciones agrarias, no podrán afectar, en ningún caso, la pequeña propiedad agrícola o ganadera en explotación e incurrirán en responsabilidad, por violaciones a la Constitución, en caso de conceder dotaciones que la afecten.

Se considerará pequeña propiedad agrícola la que no exceda de cien hectáreas de riego o humedad de primera o sus equivalentes en otras clases de tierras en explotación.

Para los efectos de la equivalencia se computará una hectárea de riego por dos de temporal, por cuatro de agostadero de buena calidad y por ocho de monte o agostadero en terrenos áridos.

Se considerará, asimismo, como pequeña propiedad, las superficies que no excedan de doscientas hectáreas en terrenos de temporal o de agostadero susceptibles de cultivo; de ciento cincuenta cuando las tierras se dediquen al cultivo del algodón, si reciben riego de avenida fluvial o por bombeo; de trescientas, en explotación, cuando se destine al cultivo del plátano, caña de azúcar, café, henequén, hule, cocotero, vid, olivo, quina, vainilla, cacao o arboles frutales.

Se considerará pequeña propiedad ganadera la que no exceda de la superficie necesaria para mantener hasta quinientas cabezas de ganado mayor o su equivalente en ganado menor, en los términos que fija la ley, de acuerdo con la capacidad forrajera de los terrenos.

Cuando debido a obras de riego, drenaje o cualesquiera otras ejecutadas por los dueños o poseedores de una pequeña propiedad a la que se le haya expedido certificado de inafectabilidad, se mejore la calidad de sus tierras para la explotación agrícola o ganadera de que se trate, tal propiedad no podrá ser objeto de afectaciones agrarias aun cuando, en virtud de la mejor la obtenida, se rebasen los máximos señalados por esta fracción siempre que se reúnan los requisitos que fije la ley; XVI. Las tierras que deban ser objeto de adjudicación individual, deberán fraccionarse precisamente en el momento de ejecutar las resoluciones presidenciales, conforme a las leyes reglamentarias; XVII. El Congreso de la Unión y las legislaturas de los Estados, en sus respectivas jurisdicciones, expedirán leyes para fijar la extensión máxima de la propiedad rural, y para llevar a cabo el fraccionamiento de los excedentes, de acuerdo con las siguientes bases:

a) En cada Estado y en el Distrito Federal, se fijará la extensión máxima de tierra de que pueda ser dueño un solo individuo, o sociedad legalmente constituida.

b) El excedente de la extensión fijada deberá ser fraccionado por el propietario en el plazo que señalen las leyes

locales, y las fracciones serán puestas a la venta en las condiciones que aprueben los gobiernos, de acuerdo con las mismas leyes.

c) Si el propietario se opusiere al fraccionamiento, se llevará este a cabo por el gobierno local, mediante la expropiación.

d) El valor de las fracciones será pagado por anualidades que amorticen capital y réditos, a un tipo de interés que no excedan del 3 % anual.

e) Los propietarios estarán obligados a recibir bonos de la deuda agraria local para garantizar el pago de la propiedad expropiada. Con este objeto, el Congreso de la Unión expedirá una ley facultando a los Estados para crear su deuda agraria.

f) Ningún fraccionamiento podrá sancionarse sin que hayan quedado satisfechas las necesidades agrarias de los poblados inmediatos. Cuando existan proyectos de fraccionamiento por ejecutar, los expedientes agrarios serán tramitados de oficio en plazo perentorio.

g) Las leyes locales organizarán el patrimonio de familia, determinando los bienes que deben constituirlo, sobre la base de que será inalienable y no estará sujeto a embargo ni a gravamen ninguno; XVIII. Se declaran revisables todos los contratos y concesiones hechos por los gobiernos anteriores desde el año 1876, que hayan traído por consecuencia el acaparamiento de tierras, aguas y riquezas naturales de la Nación, por una sola persona o sociedad y se faculta al Ejecutivo de la Unión para declararlos nulos cuando impliquen perjuicios graves para el interés público; XIX. Con base en esta Constitución, el Estado dispondrá las medidas para la expedita y honesta impartición de la justicia agraria, con objeto de garantizar la seguridad jurídica en la tenencia de la tierra ejidal, comunal y de la pequeña propiedad, y apoyará la asesoría legal de los campesinos, y XX. El Estado promoverá las condiciones para el desarrollo rural integral, con el propósito de generar empleo y garantizar a la población campesina el bienestar y su participación e incorporación en el desarrollo nacional, y fomentará la actividad agropecuaria y forestal para el óptimo uso de la tierra, con obras de infraestructura, insumos, crédito, servicio de capacidad y asistencia técnica. Asimismo expedirá la legislación reglamentaria para planear y organizar la producción agropecuaria, su industrialización y comercialización, considerándolas de interés público.

Artículo 28. En los Estados Unidos Mexicanos quedan prohibidos los monopolios, las practicas monopólicas, los estancos y las exenciones de impuestos en los términos y condiciones que fijan las leyes. El mismo tratamiento se dará a las prohibiciones a título de protección a la industria.

En consecuencia, la ley castigará severamente, y las autoridades perseguirán con eficacia, toda concentración o acaparamiento en una o pocas manos de **Artículos** de consumo necesario y que tengan por objeto obtener el alza de los precios; todo acuerdo, procedimiento o combinación de los productores, industriales, comerciantes o empresarios de servicios, que de cualquier manera hagan, para evitar la libre concurrencia o la competencia entre sí y obligar a los consumidores a pagar precios exagerados y, en general, todo lo que constituya una ventaja exclusiva indebida a favor de una o varias personas determinadas y con perjuicio del público en general o de alguna clase social.

Las leyes fijarán bases para que se señalen precios máximos a los **Artículos**, materias o productos que se consideren necesarios para la economía nacional o el consumo popular, así como para imponer modalidades a la organización de la distribución de esos **Artículos**, materias o productos, a fin de evitar que intermediaciones innecesarias o excesivas provoquen insuficiencia en el abasto, así como el alza de precios. La ley protegerá a los consumidores y propiciará su organización para el mejor cuidado de sus intereses.

No constituirán monopolios las funciones que el Estado ejerza de manera exclusiva en las áreas estratégicas a las que se refiere este precepto: acuñación de moneda; correos, telégrafos, radiotelegrafía y la comunicación vía satélite; emisión de billetes por medio de un solo banco, organismo descentralizado del Gobierno Federal; petróleo y los demás hidrocarburos; petroquímica básica; minerales radiactivos y generación de energía nuclear; electricidad; ferrocarriles y las actividades que expresamente señalen las leyes que expida el Congreso de la Unión.

Se exceptúa también de lo previsto en la primera parte del primer párrafo de este **Artículo** la prestación del servicio público de banca y de crédito. Este servicio será prestado exclusivamente por el Estado a través de instituciones, en los términos que establezca la correspondiente ley reglamentaria, la que también determinará las garantías que protejan los intereses del público y el funcionamiento de aquellas en apoyo de las políticas de desarrollo nacional. El servicio público de banca y crédito no será objeto de concesión a particulares.

El Estado contará con los organismos y empresas que requiera para el eficaz manejo de las áreas estratégicas a su cargo y en las actividades de carácter prioritario donde, de acuerdo con las leyes, participe por sí o con los sectores social y privado.

No constituyen monopolios las asociaciones de trabajadores formadas para proteger sus propios intereses y las asociaciones o sociedades cooperativas de productores para que, en defensa de sus intereses o del interés general, vendan directamente en los mercados extranjeros los productos nacionales o industriales que sean la principal fuente de riqueza de la región en que se produzca o que no sean **Artículos** de primera necesidad, siempre que dichas asociaciones estén bajo vigilancia o amparo del Gobierno Federal o de los Estados, y previa autorización que al efecto se obtenga de las legislaturas respectivas en cada caso. Las mismas legislaturas, por sí o a propuesta del Ejecutivo, podrán derogar, cuando así lo exijan las necesidades públicas, las autorizaciones concedidas para la formación de las asociaciones de que se trata.

Tampoco constituyen monopolios los privilegios que por determinado tiempo se conceden a los autores y artistas para la producción de sus obras y los que para el uso exclusivo de sus inventos, se otorguen a los inventores y perfeccionadores de alguna mejora.

El Estado, sujetándose a las leyes, podrá en casos de interés general, concesionar la prestación de servicios públicos o la explotación, uso y aprovechamiento de bienes de dominio de la Federación, salvo las excepciones que las mismas prevengan. Las leyes fijarán las modalidades y condiciones que aseguren la eficacia de la prestación de los servicios y la utilización social de los bienes, y evitarán fenómenos de concentración que contraríen el interés público.

La sujeción a regímenes de servicio público se apegará a lo dispuesto por la Constitución y solo podrá llevarse a cabo mediante ley.

Se podrán otorgar subsidios a actividades prioritarias, cuando sean generales, de carácter temporal y no afecten sustancialmente las finanzas de la Nación.

El Estado vigilará su aplicación y evaluará los resultados de esta.

Artículo 29. En los casos de invasión, perturbación grave de la paz pública, o de cualquier otro que ponga a la sociedad en grave peligro o conflicto, solamente el Presidente de los Estados Unidos Mexicanos, de acuerdo con los titulares de las Secretarias de Estado, los Departamentos Administrativos y la Procuraduría General de la República y con aprobación del Congreso de la Unión, y, en los recesos de este, de la Comisión Permanente, podrá suspender en todo el país o en lugar determinado las garantías que fuesen obstáculo para hacer frente, rápida y fácilmente a la situación; pero deberá hacerlo por un tiempo limitado, por medio de prevenciones generales y sin que la suspensión se contraiga a determinado individuo. Si la suspensión tuviese lugar hallándose el Congreso reunido, este concederá las autorizaciones que estime necesarias para que el Ejecutivo haga frente a la situación, pero si se verificase en tiempo de receso, se convocará sin demora al Congreso para que las acuerde.

Título II
Capítulo I. De los Mexicanos

Artículo 30. La nacionalidad mexicana se adquiere por nacimiento o por naturalización. A. Son mexicanos por nacimiento:

I. Los que nazcan en territorio de la República, sea cual fuere la nacionalidad de sus padres;

II. Los que nazcan en el extranjero de padres mexicanos, de padre mexicano o de madre mexicana, y

III. Los que nazcan a bordo de embarcaciones o aeronaves mexicanas, sean de guerra o mercantes. B. Son mexicanos por naturalización:

I. Los extranjeros que obtengan de la Secretaria de Relaciones carta de naturalización, y

II. La mujer o el varón extranjeros que contraigan matrimonio con varón o con mujer mexicanos y tengan o establezcan su domicilio dentro del territorio nacional.

Artículo 31. Son obligaciones de los mexicanos: I. Hacer que sus hijos o pupilos, menores de quince años, concurran a las escuelas públicas o privadas, para obtener la educación primaria elemental y militar, durante el tiempo que marque la ley de instrucción pública en cada Estado; II. Asistir en los días y horas designados por el Ayuntamiento del lugar en que residan, para recibir instrucción cívica y militar que los mantenga aptos en el ejercicio de los derechos de ciudadano, diestros en el manejo de las armas y conocedores de la disciplina militar; III. Alistarse y servir en la Guardia Nacional, conforme a la ley orgánica respectiva, para asegurar y defender la independencia, el territorio, el honor, los derechos e intereses de la Patria, así como la tranquilidad y el orden interior, y IV. Contribuir para los gastos públicos, así de la Federación como del Estado y Municipio en que residan, de la manera proporcional y equitativa que dispongan las leyes.

Artículo 32. Los mexicanos serán preferidos a los extranjeros en igualdad de circunstancias, para toda clase de concesiones y para todos los empleos, cargos o comisiones del gobierno en que no sea indispensable la calidad de ciudadano. En tiempo de paz ningún extranjero podrá servir en el Ejército, ni en las fuerzas de policía o seguridad pública.

Para pertenecer a la Marina Nacional de Guerra o a la Fuerza Aérea, y desempeñar cualquier cargo o comisión en ellas, se requiere ser mexicano por nacimiento. Esta misma calidad será indispensable en capitanes, pilotos, patrones, maquinistas, mecánicos y de una manera general, para todo el personal que tripule cualquier embarcación o aeronave que se ampare con la bandera o insignia mercante mexicana. Será también necesaria la calidad de mexicano por nacimiento para desempeñar los cargos de capitán de puerto, y todos los servicios de practieaje y comandante de aeródromo, así como todas las funciones de agente aduanal en la República.

Capítulo III. De los Extranjeros

Artículo 33. Son extranjeros los que no posean las calidades determinadas en el **Artículo** 30. Tienen derecho a las garantías que otorga el capítulo I, título primero, de la presente Constitución; pero el Ejecutivo de la Unión tendrá la facultad exclusiva de hacer abandonar el territorio nacional, inmediatamente y sin necesidad de juicio previo, a todo extranjero cuya permanencia juzgue inconveniente.

Los extranjeros no podrán de ninguna manera inmiscuirse en los asuntos políticos del país.

Capítulo IV. De los Ciudadanos Mexicanos

Artículo 34. Son ciudadanos de la República los varones y las mujeres que, teniendo la calidad de mexicanos, reúnan, además, los siguientes requisitos: I. Haber cumplido 18 años, y II. Tener un modo honesto de vivir.

Artículo 35. Son prerrogativas del ciudadano: I. Votar en las elecciones populares; II. Poder ser votado para todos los cargos de elección popular y nombrado para cualquier otro empleo o comisión, teniendo las calidades que establezca la ley; III. Asociarse para tratar los asuntos políticos del país; IV. Tomar las armas en el Ejército o Guardia Nacional para la defensa de la

República y de sus instituciones, en los términos que prescriben las leyes, y V. Ejercer en toda clase de negocios el derecho de petición.

Artículo 36. Son obligaciones del ciudadano de la República: I. Inscribirse en el catastro de la municipalidad, manifestando la propiedad que el mismo ciudadano tenga, la industria, profesión o trabajo de que subsista; así como también inscribirse en los padrones electorales, en los términos que determinen las leyes; II. Alistarse en la Guardia Nacional; III. Votar en las elecciones populares en el distrito electoral que le corresponda; IV. Desempeñar los cargos de elección popular de la Federación o de los Estados, que en ningún caso serán gratuitos, y V. Desempeñar los cargos concejales del Municipio donde resida, las funciones electorales y las de Jurado.

Artículo 37. A. La nacionalidad mexicana se pierde:
I. Por adquisición voluntaria de una nacionalidad extranjera;
II. Por aceptar o usar títulos nobiliarios que impliquen sumisión a un Estado extranjero;
III. Por residir, siendo mexicano por naturalización, durante cinco años continuos, en el país de su origen, y
IV. Por hacerse pasar en cualquier instrumento público, siendo mexicano por naturalización, como extranjero, o por obtener y usar un pasaporte extranjero.

B. La ciudadanía mexicana se pierde:
I. Por aceptar o usar títulos nobiliarios que impliquen sumisión a un gobierno extranjero;
II. Por prestar voluntariamente servicios oficiales a un gobierno extranjero sin permiso del Congreso Federal o de su Comisión Permanente;
III. Por aceptar o usar condecoraciones extranjeras sin permiso del Congreso Federal o de su Comisión Permanente;
IV. Por admitir del gobierno de otro país títulos o funciones, sin previa licencia del Congreso Federal o de su Comisión Permanente, exceptuando los títulos literarios, científicos o humanitarios que pueden aceptarse libremente;

V. Por ayudar, en contra de la Nación, a un extranjero, o a un gobierno extranjero en cualquier reclamación diplomática o ante un tribunal internacional, y

VI. En los demás casos que fijan las leyes.

Artículo 38. Los derechos o prerrogativas de los ciudadanos se suspenden: I. Por falta de cumplimiento, sin causa justificada, de cualquiera de las obligaciones que impone el **Artículo** 36. Esta suspensión durará un año y se impondrá además de las otras penas que por el mismo hecho señalare la ley; II. Por estar sujeto a un proceso criminal por delito que merezca pena corporal, a contar desde la fecha del auto de formal prisión; III. Durante la extinción de una pena corporal; IV. Por vagancia o ebriedad consuetudinaria, declarada en los términos que prevengan las leyes; V. Por estar prófugo de la justicia, desde que se dicte la orden de aprehensión hasta que prescriba la acción penal, y VI. Por sentencia ejecutoria que imponga como pena esa suspensión.

La ley fijará los casos en que se pierden y los demás en que se suspenden los derechos de ciudadano, y la manera de hacer la rehabilitación.

Título II
Capítulo I. De la Soberanía Nacional y de la Forma de Gobierno

Artículo 39. La soberanía nacional reside esencial y originariamente en el pueblo. Todo poder público dimana del pueblo y se instituye para beneficio de este. El pueblo tiene en todo tiempo el inalienable derecho de alterar o modificar la forma de su gobierno.

Artículo 40. Es voluntad del pueblo mexicano constituirse en una República representativa, democrática, federal, compuesta de Estados libres y soberanos en todo lo concerniente a su régimen interior; pero unidos en una Federación establecida según los principios de esta ley fundamental.

Artículo 41. El pueblo ejerce su soberanía por medio de los Poderes de la Unión, en los casos de la competencia de estos, y por los de los Estados en lo que toca a sus regímenes interiores, en los términos respectivamente establecidos por la presente Constitución Federal y las particulares de los Estados, las que en ningún caso podrán contravenir las estipulaciones del Pacto Federal.

Los partidos políticos son entidades de interés público; la ley determinará las formas especificas de su intervención en el proceso electoral.

Los partidos políticos tienen como fin promover la participación del pueblo en la vida democrática, contribuir a la integración de la representación nacional y como organizaciones de ciudadanos, hacer posible el acceso de estos al ejercicio del poder público, de acuerdo con los programas, principios e ideas que postulan y mediante el sufragio universal, libre, secreto y directo.

Los partidos políticos tendrán derecho al uso en forma permanente de los medios de comunicación social, de acuerdo con las formas y procedimientos que establezca la ley.

En los procesos electorales federales los partidos políticos nacionales deberán contar, en forma equitativa, con un mínimo de elementos para sus actividades tendientes a la obtención del sufragio popular.

Los partidos políticos nacionales tendrán derecho a participar en las elecciones estatales y municipales.

Capítulo II. De las Partes Integrantes de la Federación y del Territorio Nacional

Artículo 42. El territorio nacional comprende: I. El de las partes integrantes de la Federación; II. El de las islas, incluyendo los arrecifes y cayos en los mares adyacentes; III. El de las islas de Guadalupe y las de Revillagigedo situadas en el Océano Pacífico; IV. La plataforma continental y los zócalos submarinos de las islas, cayos y arrecifes; V. Las aguas de los mares territoriales en la extensión y términos que fije el derecho internacional y las marítimas interiores, y VI. El espacio situado sobre el territorio nacional, con la extensión y modalidades que establezca el propio derecho internacional.

Artículo 43. Las partes integrantes de la Federación son los Estados de Aguascalientes, Baja California, Baja California Sur, Campeche, Coahuila, Colima, Chiapas, Chihuahua, Durango, Guanajuato, Guerrero, Hidalgo, Jalisco, México, Michoacán, Morelos, Nayarit, Nuevo León, Oaxaca, Puebla, Querétaro, Quintana Roo, San Luis Potosí, Sinaloa, Sonora, Tabasco, Tamaulipas, Tlaxcala, Veracruz, Yucatán, Zacatecas y el Distrito Federal.

Artículo 44. El Distrito Federal se compondrá del territorio que actualmente tiene, y en el caso de que los Poderes Federales se trasladen a otro lugar, se erigirá en Estado del Valle de México, con los límites y extensión que le asigne el Congreso General.

Artículo 45. Los Estados de la Federación conservan la extensión y límites que hasta hoy han tenido, siempre que no haya dificultad en cuanto a estos.

Artículo 46. Los Estados pueden arreglar entre sí, por convenios amistosos, sus respectivos límites; pero no se llevarán a efecto esos arreglos sin la aprobación del Congreso de la Unión.

Artículo 47. El Estado de Nayarit tendrá la extensión territorial y límites que comprende actualmente el territorio de Tepic.

Artículo 48. Las islas, los cayos y arrecifes de los mares adyacentes que pertenezcan al territorio nacional, la plataforma continental, los zócalos submarinos de las islas, de los cayos y arrecifes, los mares territoriales, las aguas marítimas interiores y el espacio situado sobre el territorio nacional, dependerán directamente del gobierno de la Federación, con excepción de aquellas islas sobre las que hasta la fecha hayan ejercido jurisdicción los Estados.

Título III

Capítulo I. De la División de Poderes

Artículo 49. El Supremo Poder de la Federación se divide, para su ejercicio, en Legislativo, Ejecutivo y Judicial.

No podrán reunirse dos o más de estos Poderes en una sola persona o corporación, ni depositarse el Legislativo en un individuo, salvo el caso de facultades extraordinarias al Ejecutivo de la Unión conforme a lo dispuesto en el **Artículo** 29. En ningún otro caso, salvo lo dispuesto en el segundo párrafo del **Artículo** 131, se otorgarán facultades extraordinarias para legislar.

Capítulo II. Del Poder Legislativo

Artículo 50. El Poder Legislativo de los Estados Unidos Mexicanos se deposita en un Congreso General, que se dividirá en dos Cámaras, una de Diputados y otra de Senadores.

Sección I. De la Elección e Instalación del Congreso

Artículo 51. La Cámara de Diputados se compondrá de representantes de la Nación, electos en su totalidad cada tres años. Por cada diputado propietario se elegirá un suplente.

Artículo 52. La Cámara de Diputados estará integrada por 300 diputados electos según el principio de votación mayoritaria relativa, mediante el sistema de distritos electorales uninominales, y 200 diputados que serán electos según el principio de representación proporcional, mediante el sistema de listas regionales, votadas en circunscripciones plurinominales.

Artículo 53. La demarcación territorial de los 300 distritos electorales uninominales será la que resulte de dividir la población total del país entre los distritos señalados. La distribución de los distritos electorales uninominales entre las entidades federativas se hará teniendo en cuenta el último censo general de población, sin que en ningún caso la representación de un Estado pueda ser menor de dos diputados de mayoría.

Para la elección de los 200 diputados según el principio de representación proporcional y el sistema de listas regionales, se constituirán cinco circunscripciones electorales plurinominales en el país. La ley determinará la forma de establecer la demarcación territorial de estas circunscripciones.

Artículo 54. La elección de los 200 diputados según el principio de representación proporcional y el sistema de listas regionales, se sujetará a las bases generales siguientes y a lo que en lo particular disponga la ley: I. Para obtener el registro de sus listas regionales, el partido político nacional que lo solicite, deberá acreditar que participa con candidatos a diputados por mayoría relativa en por lo menos la tercera parte de los 300 distritos uninominales; II. Tendrá derecho a que le sean atribuidos diputados electos según el principio de representación proporcional, todo aquel partido político nacional que alcance por lo menos el 1.5 % del total de la votación emitida para las listas regionales de las cinco circunscripciones y no se encuentre comprendido en los siguientes supuestos:

a) Haber obtenido el 51 % o más de la votación nacional efectiva, y que su número de constancias de mayoría relativa represente un porcentaje del total de la Cámara, superior o igual a su porcentaje de votos, o

b) Haber obtenido menos de 151 % de la votación nacional efectiva, y que su número de constancias de mayoría relativa sea igual o mayor a la mitad más uno de los miembros de la Cámara;

III. Al partido que cumpla con lo dispuesto por las fracciones I y II de este **Artículo**, le serán asignados por el principio de representación proporcional el número de diputados de su lista regional que corresponda al porcentaje de votos obtenidos en cada circunscripción plurinominal. La ley determinará las normas para la aplicación de la fórmula que se observará en la asignación; en todo caso, en la asignación se seguirá el orden que tuviesen los candidatos en las listas correspondientes;

IV. En los términos de la fracción anterior las normas para la asignación de curules, son las siguientes:

a) Si algún partido obtiene el 51 % o más de la votación nacional efectiva y el número de constancias de mayoría relativa representan un porcentaje del total de la Cámara, inferior a su referido porcentaje de votos, tendrá derecho a participar en la distribución de diputados electos según el principio de representación proporcional, hasta que la suma de diputados obtenidos por ambos principios represente el mismo porcentaje de votos.

b) Ningún partido tendrá derecho a que le sean reconocidos más de 350 diputados, que representan el 70 % de la integración total de la Cámara, aun cuando hubiere obtenido un porcentaje de votos superior.

c) Si ningún partido obtiene el 51 % de la votación nacional efectiva y ninguno alcanza, con sus constancias de mayoría relativa, la mitad más uno de los miembros de la Cámara, al partido con más constancias de mayoría le serán asignados diputados de representación proporcional, hasta alcanzar la mayoría absoluta de la Cámara, y

d) En el supuesto anterior, y en caso de empate en el número de constancias, la mayoría absoluta de la Cámara será decidida en favor de aquel de los partidos empatados, que haya alcanzado la mayor votación a nivel nacional, en la elección de diputados por mayoría relativa.

Artículo 55. Para ser diputado se requieren los siguientes requisitos: I. Ser ciudadano mexicano, por nacimiento, en el ejercicio de sus derechos; II. Tener veintiún años cumplidos el día de la elección; III. Ser originario del Estado en que se haga la elección o vecino de él con residencia efectiva de más de seis meses anteriores a la fecha de ella. Para poder figurar en las listas de las circunscripciones electorales plurinominales como candidato a diputado, se requiere ser originario de alguna de las entidades federativas que comprenda la circunscripción en la que se realice la elección, o vecino de ella con residencia efectiva de más de seis meses anteriores a la fecha en que la misma se celebre.

La vecindad no se pierde por ausencia en el desempeño de cargos públicos de elección popular; IV. No estar en servicio activo en el Ejército Federal, ni tener mando en la policía o gendarmería rural en el distrito donde se haga la elección, cuando menos noventa días antes de ella; V. No ser secretario o subsecretario de Estado, ni magistrado de la Suprema Corte de Justicia de la Nación, a menos que se separe definitivamente de sus funciones noventa días antes de la elección.

Los gobernadores de los Estados no podrán ser electos en las entidades de sus respectivas jurisdicciones durante el período de su encargo, aun cuando se separen definitivamente de sus puestos.

Los secretarios de gobierno de los Estados, los magistrados y jueces federales o del Estado no podrán ser electos en las entidades de sus respectivas jurisdicciones si no se separan definitivamente de sus cargos noventa días antes de la elección; VI. No ser ministro de algún culto religioso, y VII. No estar comprendido en alguna de las incapacidades que señala el **Artículo** 59.

Artículo 56. La Cámara de Senadores se compondrá de dos miembros por cada Estado y dos por el Distrito Federal, nombrados en elección directa. La Cámara se renovará por mitad cada tres años.

La legislatura de cada Estado y la Comisión Permanente del Congreso de la Unión, en el caso del Distrito Federal, declararán electo al que hubiese obtenido la mayoría de los votos emitidos.

Artículo 57. Por cada senador propietario se elegirá un suplente.

Artículo 58. Para ser senador se requieren los mismos requisitos que para ser diputado, excepto el de la edad, que será la de treinta años cumplidos el día de la elección.

Artículo 59. Los senadores y diputados al Congreso de la Unión no podrán ser reelectos para el período inmediato.

Los senadores y diputados suplentes podrán ser electos para el período inmediato con el carácter de propietarios, siempre que no hubieren estado en ejercicio; pero los senadores y diputados propietarios no podrán ser electos para el período inmediato con el carácter de suplentes.

Artículo 60. Cada Cámara calificará las elecciones de sus miembros y resolverá las dudas que hubiese sobre ellas.

El Colegio Electoral de la Cámara de Diputados se integrará con todos los presuntos diputados que hubieren obtenido constancia expedida por la Comisión Federal Electoral, tanto con los electos por el principio de votación mayoritaria relativa como con los electos por el principio de representación proporcional.

El Colegio Electoral de la Cámara de Senadores se integrará, tanto con los presuntos senadores que hubieren obtenido la declaración de la legislatura de cada Estado y de la Comisión Permanente del Congreso de la Unión, en el caso del Distrito Federal, como con los senadores de la anterior legislatura que continuarán en el ejercicio de su encargo.

Corresponde al Gobierno Federal la preparación, desarrollo y vigilancia de los procesos electorales. La ley determinará los organismos que tendrán a su cargo esta función y la debida corresponsabilidad de los partidos políticos y de los ciudadanos; además establecerá los medios de impugnación para garantizar que los actos de los organismos electorales se ajusten a lo dispuesto por esta Constitución y las leyes que de ella emanen e instituirá un tribunal que tendrá la competencia que determine la ley; las resoluciones del tribunal serán obligatorias y solo podrán ser modificadas por los Colegios Electorales de cada Cámara, que serán la última instancia en la calificación de las elecciones; todas estas resoluciones tendrán el carácter de definitivas e inatacables.

Artículo 61. Los diputados y senadores son inviolables por las opiniones que manifiesten en el desempeño de sus cargos y jamás podrán ser reconvenidos por ellas.

El Presidente de cada Cámara velará por el respeto al fuero constitucional de los miembros de la misma y por la inviolabilidad del recinto donde se reúnan a sesionar.

Artículo 62. Los diputados y senadores propietarios, durante el período de su encargo, no podrán desempeñar ninguna otra comisión o empleo de la Federación o de los Estados, por los cuales se disfrute sueldo, sin licencia previa de la Cámara respectiva; pero entonces cesarán en sus funciones representativas, mientras dure la nueva ocupación. La misma regla se observará con los diputados y senadores suplentes, cuando estuviesen en ejercicio. La infracción de esta disposición será castigada con la pérdida del carácter de diputado o senador.

Artículo 63. Las Cámaras no pueden abrir sus sesiones ni ejercer su cargo sin la concurrencia, en la de Senadores, de las dos terceras partes, y en la de Diputados, demás de la mitad del número total de sus miembros; pero los presentes de una y otra deberán reunirse el día señalado por la ley y compeler a los ausentes a que concurran dentro de los treinta días siguientes, con la advertencia de que si no lo hiciesen se entenderá por ese solo hecho, que no aceptan su encargo, llamándose luego a los suplentes, los que deberán presentarse en un plazo igual, y si tampoco lo hiciesen, se declarará vacante el puesto y se convocará a nuevas elecciones.

Se entiende también que los diputados o senadores que falten diez días consecutivos, sin causa justificada o sin previa licencia del Presidente de su respectiva Cámara, con la cual se dará conocimiento a esta, renuncian a concurrir basta el período inmediato, llamándose desde luego a los suplentes.

Si no hubiese quorum para instalar cualquiera de las Cámaras, o para que ejerzan sus funciones una vez instaladas, se convocará inmediatamente a los suplentes para que se presenten a la mayor brevedad a desempeñar su cargo, entre tanto transcurren los treinta días de que antes se habla.

Incurrirán en responsabilidad, y se harán acreedores a las sanciones que la ley señale, quienes habiendo sido electos diputados o senadores no se presenten, sin causa justificada a juicio de la Cámara respectiva, a desempeñar el cargo dentro del plazo señalado en el primer párrafo de este **Artículo**. También incurrirán en responsabilidad, que la misma ley sancionará, los partidos políticos nacionales que, habiendo postulado candidatos en una elección para diputados o senadores, acuerden que sus miembros que resultaren electos no se presenten a desempeñar sus funciones.

Artículo 64. Los diputados y senadores que no concurran a una sesión, sin causa justificada o sin permiso de la Cámara respectiva, no tendrán derecho a la dieta correspondiente al día en que falten.

Artículo 65. El Congreso se reunirá a partir del 1.º de noviembre de cada año, para celebrar un primer período de sesiones ordinarias y a partir del 15 de abril de cada año para celebrar un segundo período de sesiones ordinarias.

En ambos períodos de sesiones el Congreso se ocupará del estudio, discusión y votación de las iniciativas de ley que se le presenten y de la resolución de los demás asuntos que le correspondan conforme a esta Constitución.

En cada período de sesiones ordinarias el Congreso se ocupará de manera preferente de los asuntos que señale su Ley Orgánica.

Artículo 66. Cada período de sesiones ordinarias durará el tiempo necesario para tratar todos los asuntos mencionados en el **Artículo** anterior, pero el primero no podrá prolongarse más que hasta el 31 de diciembre del mismo año, y el segundo hasta el 15 de julio del mismo año.

Si las dos Cámaras no estuvieren de acuerdo para poner término a las sesiones antes de las fechas indicadas, resolverá el Presidente de la República.

Artículo 67. El Congreso o una sola de las Cámaras, cuando se trate de asunto exclusivo de ella, se reunirán en sesiones extraordinarias, cada vez que los convoque para ese objeto la Comisión Permanente; pero en ambos casos solo se ocuparán del asunto o asuntos que la propia Comisión sometiese a su conocimiento, los cuales se expresarán en la convocatoria respectiva.

Artículo 68. Las dos Cámaras residirán en un mismo lugar y no podrán trasladarse a otro sin que antes convengan en la traslación y el tiempo y modo de verificarla, designando un mismo punto para la reunión de ambas. Pero si conviniendo las dos en la traslación, difieren en cuanto al tiempo, modo y lugar, el Ejecutivo terminará la diferencia, eligiendo uno de los dos extremos en cuestión. Ninguna Cámara podrá suspender sus sesiones por más de tres días, sin consentimiento de la otra.

Artículo 69. A la apertura de sesiones ordinarias del primer período del Congreso asistirá el Presidente de la República y presentará un informe por escrito, en el que manifieste el estado general que guarda la administración pública del país. En la apertura de las sesiones extraordinarias del Congreso de la Unión, o de una sola de sus Cámaras, el Presidente de la Comisión Permanente, informará acerca de los motivos o razones que originaron la convocatoria.

Artículo 70. Toda resolución del Congreso tendrá carácter de ley o decreto. Las leyes o decretos se comunicarán al Ejecutivo firmados por los presidentes de ambas Cámaras y por un secretario de cada una de ellas, y se promulgarán en esta forma: «El Congreso de los Estados Unidos Mexicanos decreta: (texto de la ley o decreto)».

El Congreso expedirá la ley que regulará su estructura y funcionamiento internos.

La ley determinará las formas y procedimientos para la agrupación de los diputados, según su afiliación de partido, a efecto de garantizar la libre expresión de las corrientes ideológicas representadas en la Cámara de Diputados. Esta ley no podrá ser vetada ni necesitará de promulgación del Ejecutivo Federal para tener vigencia.

Sección II. De la Iniciativa y Formación de las Leyes

Artículo 71. El derecho de iniciar leyes o decretos compete:
I. Al Presidente de la República;
II. A los diputados y senadores al Congreso de la Unión, y
III. A las legislaturas de los Estados.

Las iniciativas presentadas por el Presidente de la República, por las legislaturas de los Estados, o por las diputaciones de los mismos, pasarán desde luego a comisión. Las que presentaren los diputados o los senadores se sujetarán a los trámites que designe el Reglamento de Debates.

Artículo 72. Todo proyecto de ley o decreto, cuya resolución no sea exclusiva de alguna de las Cámaras, se discutirá sucesivamente en ambas, observándose el Reglamento de Debates sobre la forma, intervalos y modo de proceder en las discusiones y votaciones:

a) Aprobado un proyecto en la Cámara de su origen, pasará para su discusión a la otra. Si esta lo aprobare, se remitirá al Ejecutivo, quien, sino tuviere observaciones que hacer, lo publicará inmediatamente.

b) Se reputará aprobado por el Poder Ejecutivo todo proyecto no devuelto con observaciones a la Cámara de su origen, dentro de diez días útiles; a no ser que corriendo este término, hubiere el Congreso cerrado o suspendido sus sesiones, en cuyo caso la devolución deberá hacerse el primer día útil en que el Congreso esté reunido.

c) El proyecto de ley o decreto desechado en todo o en parte por el Ejecutivo, será devuelto, con sus observaciones, a la Cámara de su origen. Deberá ser discutido de nuevo por esta, y si fuese confirmado por las dos terceras partes del número total de votos, pasará otra vez a la Cámara revisora. Si por esta fuese sancionado por la misma mayoría, el proyecto será ley o decreto y volverá al Ejecutivo para su promulgación. Las votaciones de ley o decreto serán nominales.

d) Si algún proyecto de ley o decreto fuese desechado en su totalidad por la Cámara de revisión, volverá a la de su origen con las observaciones que aquella le hubiese hecho. Si examinado de nuevo, fuese aprobado por la mayoría absoluta de los miembros presentes, volverá a la Cámara que lo desecho, la cual lo tomará otra vez en consideración, y si lo aprobare por la misma mayoría, pasará al Ejecutivo para los efectos de la fracción a); pero si lo reprobase, no podrá volver a presentarse en el mismo período de sesiones.

e) Si un proyecto de ley o decreto fuese desechado en parte, o modificado, o adicionado por la Cámara revisora, la nueva discusión de la Cámara de su origen versará únicamente sobre lo desechado o sobre las reformas o adiciones, sin poder alterarse en manera alguna los **Artículos** aprobados. Si las adiciones o reformas hechas por la Cámara revisora fuesen aprobadas por la mayoría absoluta de los votos presentes en la Cámara de su origen, se pasará todo el proyecto al Ejecutivo, para los efectos de la fracción a). Si las adiciones o reformas hechas por la Cámara revisora fueren reprobadas por la mayoría de votos en la Cámara de su origen, volverán a aquella para que tome en consideración las razones de esta, y si por mayoría absoluta de votos presentes se desecharen en esta segunda revisión dichas adiciones o reformas, el proyecto, en lo que haya sido aprobado por ambas Cámaras, se pasará al Ejecutivo para los efectos de la fracción a). Si la Cámara revisora insistiere, por la mayoría absoluta de votos presentes, en dichas adiciones o reformas, todo el proyecto no volverá a presentarse sino hasta el siguiente período de sesiones a no ser que ambas Cámaras acuerden, por la mayoría absoluta de sus miembros presentes, que se expida la ley o decreto solo con los **Artículos** aprobados, y que se reserven los adicionados o reformados para su examen y votación en las sesiones siguientes.

f) En la interpretación, reforma o derogación de las leyes o decretos, se observarán los mismos trámites establecidos para su formación.

g) Todo proyecto de ley o decreto que fuere desechado en la Cámara de su origen, no podrá volver a presentarse en las sesiones del año.

h) La formación de las leyes o decretos puede comenzar indistintamente en cualquiera de las dos Cámaras, con excepción de los proyectos que versaren sobre empréstitos, contribuciones o impuestos, o sobre reclutamiento de tropas, todos los cuales deberán discutirse primero en la Cámara de Diputados.

i) Las iniciativas de leyes o decretos se discutirán preferentemente en la Cámara en que se presenten, a menos que transcurra un mes desde que se pasen a la comisión dictaminadora sin que esta rinda dictamen, pues en tal caso el mismo proyecto de ley o decreto puede presentarse y discutirse en la otra Cámara.

j) El Ejecutivo de la Unión no puede hacer observaciones a las resoluciones del Congreso o de alguna de las Cámaras, cuando ejerzan funciones de cuerpo electoral o de jurado, lo mismo que cuando la Cámara de Diputados declare que debe acusarse a uno de los altos funcionarios de la Federación por delitos oficiales.

Tampoco podrá hacerlas al decreto de convocatoria a sesiones extraordinarias que expida la Comisión Permanente.

Sección III. De las Facultades del Congreso

Artículo 73. El Congreso tiene facultad: I. Para admitir nuevos Estados a la Unión Federal; II. Derogada; III. Para formar nuevos Estados dentro de los límites de los existentes, siendo necesario al efecto:

1.º Que la fracción o fracciones que pidan erigirse en Estados, cuenten con una población de ciento veinte mil habitantes, por lo menos.

2.º Que se compruebe ante el Congreso que tienen los elementos bastantes para proveer a su existencia política.

3.º Que sean oídas las legislaturas de los Estados de cuyo territorio se trate, sobre la conveniencia o inconveniencia de la erección del nuevo Estado, quedando obligadas a dar su informe dentro de seis meses, contados desde el día en que se les remita la comunicación respectiva.

4.º Que igualmente se oiga al Ejecutivo de la Federación, el cual enviará su informe dentro de siete días, contados desde la fecha en que le sea pedido.

5.º Que sea votada la erección del nuevo Estado por dos terceras partes de los diputados y senadores presentes en sus respectivas Cámaras.

6.º Que la resolución del Congreso sea ratificada por la mayoría de las legislaturas de los Estados, previo examen de la copia del expediente, siempre que hayan dado su consentimiento las legislaturas de los Estados de cuyo territorio se trate.

7.º Si las legislaturas de los Estados de cuyo territorio se trate no hubieren dado su consentimiento, la ratificación de que habla la fracción anterior deberá ser hecha por las dos terceras partes del total de legislaturas de los demás Estados;

IV. Para arreglar definitivamente los límites de los Estados, terminando las diferencias que entre ellos se susciten sobre las demarcaciones de sus respectivos territorios, menos cuando estas diferencias tengan un carácter contencioso;

V. Para cambiar la residencia de los Supremos Poderes de la Federación;

VI. Para legislar en todo lo relativo al Distrito Federal, sometiéndose a las bases siguientes:

1.º El gobierno del Distrito Federal estará a cargo del Presidente de la República, quien lo ejercerá por conducto del órgano u órganos que determine la ley respectiva.

2.º La ley orgánica correspondiente establecerá los medios para la descentralización y desconcentración de la administración para mejorar la calidad de vida de los habitantes del Distrito Federal, incrementando el nivel de bienestar social, ordenando la convivencia comunitaria y el espacio urbano y propiciando el desarrollo económico, social y cultural de la entidad.

3.º Como un órgano de representación ciudadana en el Distrito Federal, se crea una Asamblea integrada por 40 representantes electos según el principio de votación mayoritaria relativa, mediante el sistema de distritos electorales uninominales, y por 26 representantes electos según el principio de representación proporcional, mediante el sistema de listas votadas en una circunscripción plurinominal. La demarcación de los distritos se establecerá como determine la ley.

Los representantes a la Asamblea del Distrito Federal serán electos cada tres amos y por cada propietario se elegirá un suplente; las vacantes de los representantes serán cubiertas en los términos de la fracción IV del **Artículo** 77 de esta Constitución.

La asignación de los representantes electos según el principio de representación proporcional, se sujetará a las normas que esta Constitución y la ley correspondiente contengan.

Para la organización, desarrollo, vigilancia y contencioso electoral de las elecciones de los representantes a la Asamblea del Distrito Federal, se estará a h dispuesto por el **Artículo** 60 de esta Constitución.

Los representantes a la Asamblea del Distrito Federal deberán reunir los mismos requisitos que el **Artículo** 55 establece para los diputados federales y les será aplicable lo dispuesto por los **Artículos** 59, 61, 62 y 64 de esta Constitución.

La Asamblea de Representantes del Distrito Federal calificará la elección de sus miembros, a través de un Colegio Electoral que se integrará por todos los presuntos representantes, en los términos que señale la ley, sus resoluciones serán definitivas e inatacables.

Son facultades de la Asamblea de Representantes del Distrito Federal las siguientes:

a) Dictar bandos, ordenanzas y reglamentos de policía y buen gobierno que, sin contravenir lo dispuesto por las leyes y decretos expedidos por el Congreso de la Unión para el Distrito Federal, tengan por objeto atender las necesidades que se manifiesten entre los habitantes del propio Distrito Federal, en materia de: educación, salud y asistencia social; abasto y distribución de alimentos, mercados y rastros; establecimientos mercantiles; comercio en la vía pública; recreación, espectáculos públicos y deporte; seguridad pública; protección civil, servicios auxiliares a la administración de justicia; prevención y readaptación social; uso del suelo; regularización de la tenencia de la tierra, establecimiento de reservas territoriales y vivienda; preservación del medio ambiente y protección ecológica; explotación de minas de arena y materiales pétreos; construcciones y edificaciones; agua y drenaje; recolección, disposición y tratamiento de basura; tratamiento de aguas; racionalización y seguridad en el uso de energéticos; vialidad y tránsito; transporte urbano y estacionamientos; alumbrado público; parques y jardines; agencias funerarias, cementerios y servicios conexos; fomento económico y protección al empleo; desarrollo agropecuario; turismo y servicios de alojamiento; trabajo no asalariado y previsión social; y acción cultural;

b) Proponer al Presidente de la República la atención de problemas prioritarios, a efecto de que tomando en cuenta la previsión de ingresos y el gasto público, los considere en el proyecto de presupuesto de egresos del Distrito Federal, que envíe a la Cámara de Diputados del Congreso de la Unión;

c) Recibir los informes trimestrales que deberá presentar la autoridad administrativa del Distrito Federal, sobre la ejecución y cumplimiento de los presupuestos y programas aprobados, y elaborar un informe anual para analizar la congruencia entre el gasto autorizado y el realizado, por partidas y programas, que votado por el Pleno de la Asamblea remitirá a la Cámara de Diputados del Congreso de la Unión, para ser considerado durante la revisión de la Cuenta Pública del Distrito Federal;

d) Citar a los servidores públicos que se determinen en la ley correspondiente, para que informen a la Asamblea sobre el desarrollo de los servicios y la ejecución de las obras encomendadas al gobierno del Distrito Federal;

e) Convocar a consulta pública sobre cualquiera de los temas mencionados en la presente base, y determinar el contenido de la convocatoria respectiva;

f) Formular las peticiones que acuerde el Pleno de la Asamblea, a las autoridades administrativas competentes, para la solución de los problemas que planteen sus miembros, como resultado de su acción de gestoría ciudadana;

g) Analizar los informes semestrales que deberán presentar los representantes que la integren, para que el Pleno de la Asamblea tome las medidas que correspondan dentro del ámbito de sus facultades de consulta, promoción, gestoría y supervisión;

h) Aprobar los nombramientos de magistrados del Tribunal Superior de Justicia, que haga el Presidente de la República, en los términos de la base 5.ª de la presente fracción;

i) Expedir, sin intervención de ningún otro órgano, el Reglamento para su Gobierno interior; e

j) Iniciar ante el Congreso de la Unión, leyes o decretos en materias relativas al Distrito Federal.

Las iniciativas que la Asamblea de Representantes presente ante alguna de las Cámaras del Congreso de la Unión, pasarán desde luego a comisión para su estudio y dictamen.

Los bandos, ordenanzas y reglamentos que expida la Asamblea del Distrito Federal en ejercicio de la facultad a que se refiere el inciso a) de la presente base se remitirán al órgano que señale la ley para su publicación inmediata.

La Asamblea de Representantes se reunirá a partir del 15 de noviembre de cada año, para celebrar un primer período de sesiones ordinarias, que podrá prolongarse hasta el 15 de enero del año siguiente, y a partir del 16 de abril de cada año, para celebrar un segundo período de sesiones ordinarias, que podrá prolongarse hasta el 15 de julio del mismo año. Durante sus recesos, la Asamblea celebrará sesiones extraordinarias para atender los asuntos urgentes para los cuales sea convocada, a petición de la mayoría de sus integrantes o del Presidente de la República.

A la apertura del segundo período de sesiones ordinarias de la Asamblea, asistirá la autoridad designada por el Presidente de la República, quien presentará un informe por escrito, en el que manifieste el estado que guarde la administración del Distrito Federal.

Los representantes a la Asamblea son inviolables por las opiniones que manifiesten en el desempeño de sus cargos y el Presidente de la Asamblea deberá velar por el respeto al fuero constitucional de sus miembros y por la inviolabilidad del recinto donde se reúnan a sesionar. En materia de responsabilidades, se aplicará lo dispuesto por el título cuarto de esta Constitución y su ley reglamentaria.

4.º La facultad de iniciativa para el ejercicio de las facultades de la Asamblea a que se refiere el inciso a) de la base 3.ª, corresponde a los miembros de la propia Asamblea y a los representantes de los vecinos organizados en los términos que señale la ley correspondiente.

Para la mayor participación ciudadana en el gobierno del Distrito Federal, además, se establece el derecho de iniciativa popular respecto de las materias que son competencia de la Asamblea, la cual tendrá la obligación de turnar a comisiones y dictaminar, dentro del respectivo período de sesiones o en el inmediato siguiente, toda iniciativa que le sea formalmente presentada por un mínimo de diez mil ciudadanos debidamente identificados, en los términos que señale el Reglamento para el Gobierno Interior de la Asamblea.

La ley establecerá los medios y mecanismos de participación ciudadana que permitan la oportuna gestión y continua supervisión comunitarias de la acción del gobierno del Distrito Federal, dirigida a satisfacer sus derechos e intereses legítimos y a mejorar la utilización y aplicación de los recursos disponibles.

5.º La función judicial se ejercerá por el Tribunal Superior de Justicia del Distrito Federal, el cual se integrará por el número de magistrados que señale la ley orgánica correspondiente, así como por los jueces de primera instancia y demás órganos que la propia ley determine.

La independencia de los magistrados y jueces en el ejercicio de sus funciones deberá estar garantizada por la ley orgánica respectiva, la cual establecerá las condiciones para el ingreso, formación y permanencia de quienes sirvan a los tribunales de justicia del Distrito Federal.

Los magistrados integrantes del Tribunal Superior de Justicia deberán reunir los requisitos señalados por el **Artículo** 95 de esta Constitución.

Los nombramientos de los magistrados y jueces serán hechos preferentemente entre aquellas personas que hayan prestado sus servicios con eficiencia y probidad en la administración de justicia o que lo merezcan por su honorabilidad, competencia y antecedentes en otras ramas de la profesión jurídica.

Los nombramientos de los magistrados del Tribunal Superior de Justicia serán hechos por el Presidente de la República, en los términos previstos por la ley orgánica, misma que determinará el procedimiento para su designación y las responsabilidades en que incurren quienes tomen posesión del cargo o llegaren a ejercerlo, sin contar con la aprobación correspondiente; la propia ley orgánica determinará la manera de suplir las faltas temporales de los magistrados Estos nombramientos serán sometidos a la aprobación de la Asamblea de Representantes del Distrito Federal. Cada magistrado del Tribunal Superior de Justicia, al entrar a ejercer su encargo, rendirá protesta de guardar y hacer guardar la Constitución Política de los Estados Unidos Mexicanos y las leyes que de ella emanen, ante el Pleno de la Asamblea del Distrito Federal.

Los magistrados durarán seis años en el ejercicio de su encargo, podrán ser reelectos, y si lo fueren, solo podrán ser privados de sus puestos y en los términos del título cuarto de esta Constitución.

Los jueces de primera instancia serán nombrados por el Tribunal Superior de Justicia del Distrito Federal.

Los magistrados y los jueces percibirán una remuneración adecuada e irrenunciable, la cual no podrá ser disminuida durante su encargo, y estarán sujetos a lo dispuesto por el **Artículo** 101 de esta Constitución.

6.º El Ministerio Público en el Distrito Federal estará a cargo de un Procurador General de Justicia, que dependerá directamente del Presidente de la República, quien lo nombrará y removerá libremente.

VII. Para imponer las contribuciones necesarias a cubrir el presupuesto;

VIII. Para dar bases sobre las cuales el Ejecutivo pueda celebrar empréstitos sobre el crédito de la Nación, para aprobar esos mismos empréstitos y para reconocer y mandar pagar la deuda nacional Ningún empréstito podrá celebrarse sino para la ejecución de obras que directamente produzcan un incremento en los ingresos públicos, salvo los que se realicen con propósitos de regulación monetaria, las operaciones de conversión y los que contraten durante alguna emergencia declarada por el Presidente de la República en los términos del **Artículo** 29;

IX. Para impedir que en el comercio de Estado a Estado se establezcan restricciones;

X. Para legislar en toda la República sobre hidrocarburos, minería, industria cinematográfica, comercio, juegos con apuestas y sorteos, servicios de banca y crédito, energía eléctrica y nuclear, para establecer el Banco de Emisión Único en los términos del **Artículo** 28 y para expedir las leyes del trabajo reglamentarias del **Artículo** 123;

XI. Para crear y suprimir empleos públicos de la Federación y señalar, aumentar o disminuir sus dotaciones;

XII. Para declarar la guerra, en vista de los datos que le presente el Ejecutivo;

XIII. Para dictar leyes según las cuales deban declararse buenas o malas las presas de mar y tierra, y para expedir leyes relativas al derecho marítimo de paz y guerra;

XIV. Para levantar y sostener a las instituciones armadas de la Unión, a saber: Ejército, Marina de Guerra y Fuerza Aérea Nacionales, y para reglamentar su organización y servicio;

XV. Para dar reglamentos con objeto de organizar, armar y disciplinar la Guardia Nacional, reservándose a los ciudadanos que la formen el nombramiento respectivo de jefes y oficiales, y a los Estados la facultad de instruirla conforme a la disciplina prescrita por dichos reglamentos;

XVI. Para dictar leyes sobre nacionalidad, condición jurídica de los extranjeros, ciudadanía, naturalización, colonización, emigración e inmigración y salubridad general de la República.

1.º El Consejo de Salubridad General dependerá directamente del Presidente de la República, sin intervención de ninguna Secretaria de Estado, y sus disposiciones generales serán obligatorias en el país.

2.º En caso de epidemias de carácter grave o peligro de invasión de enfermedades exóticas en el país, el Departamento de Salubridad tendrá obligación de dictar inmediatamente las medidas preventivas indispensables, a reserva de ser después sancionadas por el Presidente de la República.

3.º La autoridad sanitaria será ejecutiva y sus disposiciones serán obedecidas por las autoridades administrativas del país.

4.º Las medidas que el Consejo haya puesto en vigor en la campaña contra el alcoholismo y la venta de sustancias que envenenan al individuo y degeneran la especie humana, así como las adoptadas para prevenir y combatir la contaminación ambiental, serán después revisadas por el Congreso de la Unión, en los casos que le competan;

XVII. Para dictar leyes sobre vías generales de comunicación, y sobre postas y correos; para expedir leyes sobre el uso y aprovechamiento de las aguas de jurisdicción federal;

XVIII. Para establecer casas de moneda, fijar las condiciones que esta deba tener, dictar reglas para determinar el valor relativo de la moneda extranjera y adoptar un sistema general de pesas y medidas;

XIX. Para fijar las reglas a que deba sujetarse la ocupación y enajenación de terrenos baldíos y el precio de estos;

XX. Para expedir las leyes de organización del Cuerpo Diplomático y del Cuerpo Consular mexicanos;

XXI. Para definir los delitos y faltas contra la Federación y fijar los castigos que por ellos deban Imponerse;

XXII. Para conceder amnistías por delitos cuyo conocimiento pertenezca a los tribunales de la Federación;

XXIII. Derogada;

XXIV. Para expedir la Ley Orgánica de la Contaduría Mayor;

XXV. Para establecer, organizar y sostener en toda la República escuelas rurales, elementales, superiores, secundarias y profesionales; de investigación científica, de bellas artes y de enseñanza técnica; escuelas practicas de agricultura y de minería, de artes y oficios, museos, bibliotecas, observatorios y demás institutos concernientes a la cultura general de los habitantes de la Nación, y legislar en todo lo que se refiere a dichas instituciones; para legislar sobre monumentos arqueológicos, artísticos e históricos, cuya conservación sea de interés nacional; así como para dictar las leyes encaminadas a distribuir convenientemente entre la Federación, los Estados y los Municipios el ejercicio de la función educativa y las aportaciones económicas correspondientes a ese servicio público, buscando unificar y coordinar la educación en toda la República. Los títulos que se expidan por los establecimientos de que se trata surtirán sus efectos en toda la República;

XXVI. Para conceder licencia al Presidente de la República y para constituirse en Colegio Electoral y designar al ciudadano que deba sustituir al

Presidente de la República, ya sea con el carácter de sustituto, interino o provisional, en los términos de los **Artículos** 84 y 85 de esta Constitución; XXVII. Para aceptar la renuncia del cargo de Presidente de la República; XXVIII. Derogada;
XXIX. Para establecer contribuciones:

1.º Sobre el comercio exterior.
2.º Sobre el aprovechamiento y explotación de los recursos naturales comprendidos en los párrafos 4.º y 5.º Del **Artículo** 27.
3.º Sobre instituciones de crédito y sociedades de seguros.
4.º Sobre servicios públicos concesionados o explotados directamente por la Federación, y 5.º Especiales sobre:
a) Energía eléctrica.
b) Producción y consumo de tabacos labrados.
c) Gasolina y otros productos derivados del petróleo.
d) Cerillos y fósforos.
e) Aguamiel y productos de su fermentación
f) Explotación forestal, y
g) Producción y consumo de cerveza.
Las entidades federativas participarán en el rendimiento de estas contribuciones especiales, en la proporción que la ley secundaria federal determine. Las legislaturas locales fijarán el porcentaje correspondiente a los Municipios, en sus ingresos por concepto de impuestos sobre energía eléctrica.
XXIX-B. Para legislar sobre las características y uso de la bandera, escudo e himno nacionales; XXIX-C. Para expedir las leyes que establezcan la concurrencia del Gobierno Federal, de los Estados y de los Municipios en el ámbito de sus respectivas competencias, en materia de asentamientos humanos, con objeto de cumplir los fines previstos en el párrafo 3.º del **Artículo** 27 de cada Constitución; XXIX-D. Para expedir leyes sobre planeación nacional del desarrollo económico y social; XXIX-E. Para expedir leyes para la programación, promoción, concertación y ejecución de acciones de orden económico, especialmente las referentes al abasto y otras que tengan como fin la producción suficiente y oportuna de bienes y servicios, social y nacionalmente necesarios; XXIX-F. Para expedir leyes tendientes a la pro-

moción de la inversión mexicana, la regulación de la inversión extranjera, la transferencia de tecnología y la generación, difusión y aplicación de los conocimientos científicos y tecnológicos que requiere el desarrollo nacional; XXIX-G. Para expedir leyes que establezcan la concurrencia del Gobierno Federal, de los gobiernos de los Estados y de los Municipios, en el ámbito de sus respectivas competencias, en materia de protección al ambiente y de preservación y restauración del equilibrio ecológico; XXIX-H. Para expedir leyes que instituyan tribunales de lo contencioso-administrativo dotados de plena autonomía para dictar sus fallos, que tengan a su cargo dirimir las controversias que se susciten entre la Administración Pública Federal o del Distrito Federal y los particulares, estableciendo las normas para su organización, su funcionamiento, el procedimiento y los recursos contra sus resoluciones; y XXX. Para expedir todas las leyes que sean necesarias, a objeto de hacer efectivas las facultades anteriores y todas las otras concedidas por esta Constitución a los Poderes de la Unión.

Artículo 74. Son facultades exclusivas de la Cámara de Diputados: I. Erigirse en Colegio Electoral para ejercer las atribuciones que la ley le señala respecto a la elección de Presidente de la República; II. Vigilar, por medio de una comisión de su seno, el exacto desempeño de las funciones de la Contaduría Mayor; III. Nombrar a los jefes y demás empleados de esa oficina; IV. Examinar, discutir y aprobar anualmente el Presupuesto de Egresos de la Federación y del Departamento del Distrito Federal, discutiendo primero las contribuciones que, a su juicio, deben decretarse para cubrirlos; así como revisar la Cuenta Pública del año anterior.
El Ejecutivo Federal hará llegar a la Cámara las correspondientes iniciativas de leyes de ingresos y los proyectos de presupuesto a más tardar el día 15 del mes de noviembre o hasta el día 15 de diciembre cuando inicie su encargo en la fecha prevista por el **Artículo** 83, debiendo comparecer el Secretario del Despacho correspondiente a dar cuenta de los mismos.
No podrá haber otras partidas secretas, fuera de las que se consideren necesarias con ese carácter, en el mismo presupuesto, las que emplearán los secretarios por acuerdo escrito del Presidente de la República.

La revisión de la Cuenta Pública tendrá por objeto conocer los resultados de la gestión financiera, comprobar si se ha ajustado a los criterios señalados por el presupuesto y el cumplimiento de los objetivos contenidos en los programas.

Si del examen que realice la Contaduría Mayor de Hacienda aparecieran discrepancias entre las cantidades gastadas y las partidas respectivas del presupuesto o no existiera exactitud o justificación en los gastos hechos, se determinarán las responsabilidades de acuerdo con la ley.

La Cuenta Pública del año anterior deberá ser presentada a la Cámara de Diputados del H. Congreso de la Unión dentro de los diez primeros días del mes de junio.

Solo se podrá ampliar el plazo de presentación de las iniciativas de leyes de ingresos y de los proyectos de presupuesto de egresos, así como de la Cuenta Pública, cuando medie solicitud del Ejecutivo suficientemente justificada a juicio de la Cámara o de la Comisión Permanente, debiendo comparecer en todo caso el Secretario del Despacho correspondiente a informar de las razones que lo motiven; V. Declarar si ha o no lugar a proceder penalmente contra los servidores públicos que hubieren incurrido en delito en los términos del **Artículo** 111 de esta Constitución.

Conocer de las imputaciones que se hagan a los servidores públicos a que se refiere el **Artículo** 110 de esta Constitución y fungir como órgano de acusación en los juicios políticos que contra estos se instauren; VI. Derogada; VII. Derogada; VIII. Las demás que le confiere expresamente esta Constitución.

Artículo 75. La Cámara de Diputados, al aprobar el presupuesto de Egresos, no podrá dejar de señalar la retribución que corresponda a un empleo que este establecido por la ley, y en caso de que por cualquiera circunstancia se omita fijar dicha remuneración, se entenderá por señalada la que hubiere tenido fijada en el Presupuesto anterior, o en la ley que estableció el empleo.

Artículo 76. Son facultades exclusivas del Senado: I. Analizar la política exterior desarrollada por el Ejecutivo Federal con base en los informes anuales que el Presidente de la República y el Secretario del Despacho correspondiente rindan al Congreso; además, aprobar los tratados internacionales y convenciones diplomáticas que celebre el Ejecutivo de la Unión; II. Ratificar los nombramientos que el mismo funcionario haga de ministros, agentes diplomáticos, cónsules generales, empleados superiores de Hacienda, coroneles y demás jefes superiores del Ejército, Armada y Fuerza Aérea Nacionales, en los términos que la ley disponga; III. Autorizarlo también para que pueda permitir la salida de tropas nacionales fuera de los límites del país, el paso de tropas extranjeras por el territorio nacional y la estación de escuadras de otras potencias, por más de un mes, en aguas mexicanas; IV. Dar su consentimiento para que el Presidente de la República pueda disponer de la Guardia Nacional fuera de sus respectivos Estados, fijando la fuerza necesaria; V. Declarar, cuando hayan desaparecido todos los poderes constitucionales de un Estado, que es llegado el caso de nombrarle un gobernador provisional, quien convocará a elecciones conforme a las leyes constitucionales del mismo Estado. El nombramiento de gobernador se hará por el Senado a propuesta en terna del Presidente de la República, con aprobación de las dos terceras partes de los miembros presentes, y en los recesos, por la Comisión Permanente, conforme a las mismas reglas. El funcionario así nombrado no podrá ser electo gobernador constitucional en las elecciones que se verifiquen en virtud de la convocatoria que el expidiere. Esta disposición regirá siempre que las constituciones de los Estados no prevean el caso; VI. Resolver las cuestiones políticas que surjan entre los poderes de un Estado cuando alguno de ellos ocurra con ese fin al Senado, o cuando, con motivo de dichas cuestiones, se haya interrumpido el orden constitucional mediante un conflicto de armas. En este caso el Senado dictará su resolución, sujetándose a la Constitución General de la República y a la del Estado.

La ley reglamentará el ejercicio de esta facultad y el de la anterior; VII. Erigirse en jurado de sentencia para conocer en juicio político de las faltas u omisiones que cometan los servidores públicos y que redunden en perjuicio de los intereses públicos fundamentales y de su buen despacho, en los términos del **Artículo** 110 de esta Constitución; VIII. Otorgar o negar su aprobación a los nombramientos de ministro de la Suprema Corte de Justicia de la Nación, así como a las solicitudes de licencia y a las renuncias de los mismos funcionarios, que le someta el Presidente de la República; IX. Derogada; y X. Las demás que la misma Constitución le atribuya.

Artículo 77. Cada una de las Cámaras puede, sin la intervención de la otra: I. Dictar resoluciones económicas relativas a su régimen interior; II. Comunicarse con la Cámara colegisladora y con el Ejecutivo de la Unión, por medio de comisiones de su seno; III. Nombrar los empleados de su secretaria y hacer el reglamento interior de la misma, y IV. Expedir convocatoria para elecciones extraordinarias con el fin de cubrir las vacantes de sus respectivos miembros. En el caso de la Cámara de Diputados, las vacantes de sus miembros electos por el principio de representación proporcional, deberán ser cubiertas por aquellos candidatos del mismo partido que sigan en el orden de la lista regional respectiva, después de habérsele asignado los diputados que le hubieren correspondido.

Sección IV. De la Comisión Permanente

Artículo 78. Durante los recesos del Congreso de la Unión habrá una Comisión Permanente compuesta de 37 miembros de los que 19 serán Diputados y 18 Senadores, nombrados por sus respectivas Cámaras la víspera de la clausura de los períodos ordinarios de sesiones. Para cada titular las Cámaras nombrarán, de entre sus miembros en ejercicio, un sustituto.

Sección V. De la fiscalización superior de la Federación

Artículo 79. La Comisión Permanente, además de las atribuciones que expresamente le confiere esta Constitución, tendrá las siguientes: I. Prestar su consentimiento para el uso de la Guardia Nacional, en los casos de que habla el **Artículo** 76 fracción IV; II. Recibir, en su caso, la protesta del Presidente de la República, de los miembros de la Suprema Corte de Justicia de la Nación, y de los magistrados del Distrito Federal; III. Resolver los asuntos de su competencia; recibir durante el receso del Congreso de la Unión las iniciativas de ley y proposiciones dirigidas a las Cámaras, y turnarlas para dictamen a las comisiones de la Cámara a la que vayan dirigidas, a fin de que se despachen en el inmediato período de sesiones; IV Acordar por sí o a propuesta del Ejecutivo la convocatoria del Congreso, o de una sola Cámara, a sesiones extraordinarias, siendo necesario en ambos casos el voto de las dos terceras partes de los individuos presentes. La convocatoria señalará el objeto u objetos de las sesiones extraordinarios; V. Otorgar o negar su aprobación a los nombramientos de ministros de la Suprema Corte, así como a sus solicitudes de licencia, que le someta el Presidente de la República; VI. Conceder licencia hasta por treinta días al Presidente de la República y nombrar el interino que supla esa falta; VII. Ratificar los nombramientos que el Presidente de la República haga de ministros, agentes diplomáticos, cónsules generales, empleados superiores de Hacienda, coroneles y demás jefes superiores del Ejército, Armada y Fuerza Aérea Nacionales, en los términos que la ley disponga; VIII. Conocer y resolver sobre las solicitudes de licencia que le sean presentadas por los legisladores, y IX. Derogada.

Capítulo III. Del Poder Ejecutivo

Artículo 80. Se deposita el ejercicio del Supremo Poder Ejecutivo de la Unión en un solo individuo, que se denominará «Presidente de los Estados Unidos Mexicanos».

Artículo 81. La elección del Presidente será directa y en los términos que disponga la ley electoral.

Artículo 82. Para ser Presidente se requiere: I. Ser ciudadano mexicano por nacimiento, en pleno goce de sus derechos, e hijo de padres mexicanos por nacimiento; II. Tener 35 años cumplidos al tiempo de la elección; III. Haber residido en el país durante todo el año anterior al día de la elección; IV. No pertenecer al estado eclesiástico ni ser ministro de algún culto; V. No estar en servicio activo, en caso de pertenecer al Ejército, seis meses antes del día de la elección; VI. No ser secretario o subsecretario de Estado, jefe o secretario general del Departamento Administrativo, Procurador General de la República, ni gobernador de algún Estado, a menos de que se separe de su puesto seis meses antes del día de la elección, y VII. No estar comprendido en alguna de las causas de incapacidad establecidas en el **Artículo** 83.

Artículo 83. El Presidente entrará a ejercer su encargo el 1.º de diciembre y durará en el seis años. El ciudadano que haya desempeñado el cargo de Presidente de la República, electo popularmente, o con el carácter de interino, provisional o sustituto, en ningún caso y por ningún motivo podrá volver a desempeñar ese puesto.

Artículo 84. En caso de falta absoluta del Presidente de la República ocurrida en los dos primeros años del período respectivo, si el Congreso estuviere en sesiones, se constituirá inmediatamente en Colegio Electoral, y concurriendo cuando menos las dos terceras partes del número total de sus miembros, nombrará en escrutinio secreto y por mayoría absoluta de votos, un Presidente interino; el mismo Congreso expedirá, dentro de los diez días siguientes al de la designación de Presidente interino, la convocatoria para la elección del Presidente que deba concluir el período respectivo; debiendo mediar entre la fecha de la convocatoria y la que se señale para la verificación de las elecciones, un plazo no menor de catorce meses, ni mayor de dieciocho.
Si el Congreso no estuviere en sesiones, la Comisión Permanente nombrará desde luego un Presidente provisional y convocará a sesiones extraordinarias al Congreso para que este, a su vez, designe al Presidente interino y expida la convocatoria a elecciones presidenciales en los términos del párrafo anterior.
Cuando la falta del Presidente ocurriese en los cuatro últimos años del período respectivo, si el Congreso de la Unión se encontrase en sesiones, designará al Presidente sustituto que deberá concluir el período; si el Congreso no estuviere reunido, la Comisión Permanente nombrará un Presidente provisional y convocará al Congreso de la Unión a sesiones extraordinarias para que se erija en Colegio Electoral y haga la elección del Presidente sustituto.

Artículo 85. Si al comenzar un período constitucional no se presentase el Presidente electo, o la elección no estuviere hecha y declarada el 1.º de diciembre, cesará, sin embargo, el Presidente cuyo período haya concluido y se encargará desde luego del Poder Ejecutivo, en calidad de Presidente interino, el que designe el Congreso de la Unión, o en su falta, con el carácter de provisional, el que designe la Comisión Permanente, procediéndose conforme a lo dispuesto en el **Artículo** anterior.

Cuando la falta del Presidente fuese temporal, el Congreso de la Unión, si estuviese reunido, o en su defecto, la Comisión Permanente designará un Presidente interino para que funcione durante el tiempo que dure dicha falta.

Cuando la falta del Presidente sea por más de treinta días y el Congreso de la Unión no estuviere reunido, la Comisión Permanente convocará a sesiones extraordinarias del Congreso para que este resuelva sobre la licencia y nombre, en su caso, al Presidente interino

Si la falta, de temporal se convierte en absoluta, se procederá como dispone el **Artículo** anterior.

Artículo 86. El cargo de Presidente de la República solo es renunciable por causa grave, que calificará el Congreso de la Unión, ante el que se presentará la renuncia.

Artículo 87. El Presidente, al tomar posesión de su cargo, prestará ante el Congreso de la Unión o ante la Comisión Permanente, en los recesos de aquel, la siguiente protesta: «Protesto guardar y hacer guardar la Constitución Política de los Estados Unidos Mexicanos y las leyes que de ella emanen, y desempeñar leal y patrióticamente el cargo de Presidente de la República que el pueblo me ha conferido, mirando en todo por el bien y prosperidad de la Unión, y si así no lo hiciere que la Nación me lo demande».

Artículo 88. El Presidente de la República no podrá ausentarse del territorio nacional sin permiso del Congreso de la Unión, o de la Comisión Permanente, en su caso.

Artículo 89. Las facultades y obligaciones del Presidente son las siguientes: I. Promulgar y ejecutar las leyes que expida el Congreso de la Unión, proveyendo en la esfera administrativa a su exacta observancia; II. Nombrar y remover libremente a los Secretarios del Despacho, al Procurador General de la República, al titular del órgano u órganos por el que se ejerza el gobierno del Distrito Federal, remover a los agentes diplomáticos y empleados superiores de Hacienda y nombrar y remover libremente a los demás empleados de la Unión, cuyo nombramiento o remoción no este determinado de otro modo en la Constitución o en las leyes; III. Nombrar los ministros, agentes diplomáticos y cónsules generales, con aprobación del Senado; IV. Nombrar con aprobación del Senado, los coroneles y demás oficiales superiores del Ejército, Armada y Fuerza Aérea Nacionales, y los empleados superiores de Hacienda; V. Nombrar a los demás oficiales del Ejército, Armada y Fuerza Aérea Nacionales con arreglo a las leyes; VI. Disponer de la totalidad de la fuerza armada permanente, o sea del Ejército terrestre, de la Marina de Guerra y de la Fuerza Aérea, para la seguridad interior y defensa exterior de la Federación; VII. Disponer de la Guardia Nacional para los mismos objetos, en los términos que previene la fracción IV del **Artículo** 76; VIII. Declarar la guerra en nombre de los Estados Unidos Mexicanos previa ley del Congreso de la Unión; IX. Derogada; X. Dirigir la política exterior y celebrar tratados internacionales, sometiéndolos a la aprobación del Senado. En la conducción de tal política, el titular del Poder Ejecutivo observará los siguientes principios normativos; la autodeterminación de los pueblos; la no intervención; la solución pacifica de controversias; la proscripción de la amenaza o el uso de la fuerza en las relaciones internacionales; la igualdad jurídica de los estados; la cooperación internacional para el desarrollo; y la lucha por la paz y la seguridad internacionales; XI. Convocar al Congreso a sesiones extraordinarias, cuando lo acuerde la Comisión Permanente; XII. Facilitar al Poder Judicial los auxilios que necesite para el ejercicio expedito de sus funciones; XIII. Habilitar toda clase de puertos, establecer aduanas marítimas y fronterizas y designar su ubicación; XIV. Conceder, conforme a las leyes, indultos a los reos sentenciados por delitos de competencia de los tribunales federales y a los sentenciados por delitos del orden común en el Distrito Federal; XV. Conceder privilegios exclusivos por tiempo limitado, con arreglo a la ley respectiva, a los descubridores, inventores o perfeccionadores de algún ramo de la industria; XVI. Cuando la Cámara de Senadores no este en sesiones, el Presidente de la República podrá hacer los nombramientos de que hablan las fracciones III y IV, con aprobación de la Comisión Permanente; XVII. Nombrar magistrados del Tribunal Superior de Justicia del Distrito Federal y someter los nombramientos a la aprobación de la Asamblea de Representantes del Distrito Federal; XVIII. Nombrar ministros de la Suprema Corte de Justicia y someter los nombramientos, las licencias y las renuncias de ellos, a la aprobación de la Cámara de Senadores, o de la Comisión Permanente, en su caso; XIX. Derogada; XX. Las demás que le confiere expresamente esta Constitución.

Artículo 90. La Administración Pública Federal será centralizada y paraestatal conforme a la Ley Orgánica que expida el Congreso, que distribuirá los negocios del orden administrativo de la Federación que estarán a cargo de las Secretarias de Estado y Departamentos Administrativos y definirá las bases generales de creación de las entidades paraestatales y la intervención del Ejecutivo Federal en su operación.

Las leyes determinarán las relaciones entre las entidades paraestatales y el Ejecutivo Federal, o entre estas y las Secretarias de Estado y Departamentos Administrativos.

Artículo 91. Para ser Secretario del Despacho se requiere: ser ciudadano mexicano por nacimiento, estar en ejercicio de sus derechos y tener treinta años cumplidos.

Artículo 92. Todos los reglamentos, decretos, acuerdos y ordenes del Presidente deberán estar firmados por el Secretario de Estado o Jefe de Departamento Administrativo a que el asunto corresponda, y sin este requisito no serán obedecidos.

Artículo 93. Los Secretarios del Despacho y los Jefes de los Departamentos Administrativos, luego que este abierto el período de sesiones ordinarias, darán cuenta al Congreso del estado que guarden sus respectivos ramos.

Cualquiera de las Cámaras podrá citar a los Secretarios de Estado y a los Jefes de los Departamentos Administrativos, así como a los Directores y Administradores de los organismos descentralizados federales o de las empresas de participación estatal mayoritaria, para que informen cuando se discuta una ley o se estudie un negocio concerniente a sus respectivos ramos o actividades.

Las Cámaras, a pedido de una cuarta parte de sus miembros, tratándose de los diputados, y de la mitad, si se trata de los senadores, tienen la facultad de integrar comisiones para investigar el funcionamiento de dichos organismos descentralizados y empresas de participación estatal mayoritaria. Los resultados de las investigaciones se harán del conocimiento del Ejecutivo Federal.

Capítulo IV. Del Poder Judicial

Artículo 94. Se deposita el ejercicio del Poder Judicial de la Federación en una Suprema Corte de Justicia, en Tribunales Colegiados y Unitarios de Circuito y en Juzgados de Distrito.

La Suprema Corte de Justicia de la Nación se compondrá de veintiún ministros numerarios, y funcionará en Pleno o en Salas. Se podrán nombrar hasta cinco ministros supernumerarios.

En los términos que la ley disponga las sesiones del Pleno y de las Salas serán públicas, y por excepción secretas en los casos en que así lo exijan la moral o el interés público.

La competencia de la Suprema Corte, su funcionamiento en Pleno y Salas, la competencia de los Tribunales de Circuito y de los Juzgados de Distrito y las responsabilidades en que incurran los servidores públicos del Poder Judicial de la Federación, se regirán por lo que dispongan las leyes, de conformidad con las bases que esta Constitución establece.

El Pleno de la Suprema Corte determinará el número, división en circuitos y jurisdicción territorial y especialización por materia de los Tribunales Colegiados y Unitarios de Circuito y de los Juzgados de Distrito.

El propio tribunal en Pleno estará facultado para emitir acuerdos generales a fin de lograr, mediante una adecuada distribución entre las Salas de los asuntos que competa conocer a la Suprema Corte de Justicia, la mayor prontitud en su despacho.

La ley fijará los términos en que sea obligatoria la jurisprudencia que establezcan los tribunales del Poder Judicial de la Federación sobre interpretación de la Constitución, leyes y reglamentos federales o locales y tratados internacionales celebrados por el Estado Mexicano, así como los requisitos para su interrupción y modificación.

La remuneración que perciban por sus servicios los ministros de la Suprema Corte, los magistrados de Circuito y los jueces de Distrito, no podrá ser disminuida durante su encargo.

Los ministros de la Suprema Corte de Justicia solo podrán ser privados de sus puestos en los términos del Título Cuarto de esta Constitución.

Artículo 95. Para ser electo ministro de la Suprema Corte de Justicia de la Nación, se necesita: I. Ser ciudadano mexicano por nacimiento, en pleno ejercicio de sus derechos políticos y civiles; II. No tener más de sesenta y cinco años de edad, ni menos de treinta y cinco, el día de la elección. III. Poseer el día de la elección, con antigüedad mínima de cinco años, título profesional de abogado, expedido por la autoridad o corporación legalmente facultada para ello; IV. Gozar de buena reputación y no haber sido condenado por delito que amerite pena corporal de más de un año de prisión; pero si se tratare de robo, fraude, falsificación, abuso de confianza u otro que lastime seriamente la buena fama en el concepto público, inhabilitará para el cargo, cualquiera que haya sido la pena, y V. Haber residido en el país durante los últimos cinco años, salvo el caso de ausencia en servicio de la República por un tiempo menor de seis meses.

Artículo 96. Los nombramientos de los ministros de la Suprema Corte serán hechos por el Presidente de la República y sometidos a la aprobación de la Cámara de Senadores, la que otorgará o negará esa aprobación dentro del improrrogable término de diez días.

Si la Cámara no resolviere dentro de dicho término se tendrán por aprobados los nombramientos. Sin la aprobación del Senado, no podrán tomar posesión los magistrados de la Suprema Corte nombrados por el Presidente de la República. En el caso de que la Cámara de Senadores no apruebe dos nombramientos sucesivos respecto de la misma vacante, el Presidente de la República hará un tercer nombramiento que surtirá sus efectos desde luego, como provisional, y que será sometido a la aprobación de dicha Cámara en el siguiente período ordinario de sesiones. En este período de sesiones, dentro de los primeros diez días, el Senado deberá aprobar o reprobar el nombramiento, y silo aprueba, o nada resuelve, el magistrado nombrado provisionalmente continuará en sus funciones con el carácter de definitivo. Si el Senado desecha el nombramiento cesará desde luego de sus funciones el ministro provisional, y el Presidente de la República someterá nuevo nombramiento a la aprobación del Senado en los términos señalados.

Artículo 97. Los magistrados de Circuito y los jueces de Distrito serán nombrados por la Suprema Corte de Justicia de la Nación, deberán satisfacer los requisitos que exija la ley y durarán seis años en el ejercicio de su encargo, al término de los cuales, si fueren reelectos o promovidos a cargos superiores, solo podrán ser privados de sus puestos en los términos del título cuarto de esta Constitución.

La Suprema Corte de Justicia de la Nación podrá nombrar alguno o algunos de sus miembros o algún juez de Distrito o magistrado de Circuito, o designar uno o varios comisionados especiales, cuando así lo juzgue conveniente o lo pidiere el Ejecutivo Federal o alguna de las Cámaras del Congreso de la Unión, del gobernador de algún Estado, únicamente para que averigüe la conducta de algún juez o magistrado federal; o algún hecho o hechos que constituyan una grave violación de alguna garantía individual.

La Suprema Corte de Justicia esta facultada para practicar de oficio la averiguación de algún hecho o hechos que constituyan la violación del voto público, pero solo en los casos en que a su juicio pudiera ponerse en duda la legalidad de todo el proceso de elección de alguno de los Poderes de la Unión. Los resultados de la investigación se harán llegar oportunamente a los órganos competentes.

Los Tribunales de Circuito y Juzgados de Distrito serán distribuidos entre los ministros de la Suprema Corte, para que estos los visiten periódicamente, vigilen la conducta de los magistrados y jueces que los desempeñen, reciban las quejas que hubiere contra ellos y ejerzan las demás atribuciones que señala la ley. La Suprema Corte de Justicia nombrará y removerá a su secretario y demás empleados que le correspondan con estricta observancia de la ley respectiva En igual forma procederán los magistrados de Circuito y jueces de Distrito, por lo que se refiere a sus respectivos secretarios y empleados.

La Suprema Corte de Justicia cada año designará uno de sus miembros como Presidente, pudiendo este ser reelecto.

Cada ministro de la Suprema Corte de Justicia, al entrar a ejercer su encargo, protestará ante el Senado y, en sus recesos, ante la Comisión Permanente, en la siguiente forma:

Presidente: «Protestáis desempeñar leal y patrióticamente el cargo de ministro de la Suprema Corte de Justicia de la Nación que se os ha conferido y guardar y hacer guardar la Constitución Política de los Estados Unidos Mexicanos y las leyes que de ella emanen, mirando en todo por el bien y prosperidad de la unión?».

Ministro: «Sí protesto».

Presidente: «Si no lo hiciereis así, la Nación os lo demande».

Los magistrados de Circuito y los jueces de Distrito protestarán ante la Suprema Corte o ante la autoridad que determine la ley.

Artículo 98. Los ministros numerarios de la Suprema Corte de Justicia de la Nación serán suplidos en sus faltas temporales por los supernumerarios.

Si la falta excediere de un mes, el Presidente de la República someterá el nombramiento de un ministro provisional a la aprobación del Senado o en su receso a la de la Comisión Permanente, observándose, en su caso, lo dispuesto en la parte final del **Artículo** 96 de esta Constitución.

Si faltare un ministro por defunción o por cualquiera causa de separación definitiva, el Presidente someterá un nuevo nombramiento a la aprobación del Senado. Si el Senado no estuviere en funciones, la Comisión Permanente dará su aprobación, mientras se reúne aquel y da la aprobación definitiva.

Los supernumerarios que suplan a los numerarios, permanecerán en el desempeño del cargo hasta que tome posesión el ministro nombrado por el Presidente de la República, ya sea con carácter provisional o definitivo.

Artículo 99. Las renuncias de los ministros de la Suprema Corte de Justicia solamente procederán por causas graves; serán sometidas al Ejecutivo y si este las acepta, serán enviadas para su aprobación al Senado y, en su receso, a la de la Comisión Permanente.

Artículo 100. Las licencias de los ministros, cuando no excedan de un mes, serán concedidas por la Suprema Corte de Justicia de la Nación; las que excedan de este tiempo, las concederá el Presidente de la República con la aprobación del Senado, o en sus recesos, con la de la Comisión Permanente. Ninguna licencia podrá exceder del término de dos años.

Artículo 101. Los ministros de la Suprema Corte de Justicia, los magistrados de Circuito, los jueces de Distrito y los respectivos secretarios, no podrán, en ningún caso, aceptar y desempeñar empleo o encargo de la Federación, de los Estados o de particulares, salvo los cargos no remunerados en asociaciones científicas, docentes, literarias o de beneficencia. La infracción de esta disposición será castigada con la pérdida del cargo.

Artículo 102. La ley organizará el Ministerio Público de la Federación, cuyos funcionarios serán nombrados y removidos por el Ejecutivo, de acuerdo con la ley respectiva, debiendo estar presididos por un Procurador General, el que deberá tener las mismas calidades requeridas para ser ministro de la Suprema Corte de Justicia

Incumbe al Ministerio Público de la Federación, la persecución, ante los tribunales, de todos los delitos del orden federal; y, por lo mismo, a el le corresponderá solicitar las ordenes de aprehensión contra los inculpados; buscar y presentar las pruebas que acrediten la responsabilidad de estos; hacer que los juicios se sigan con toda regularidad para que la administración de justicia sea pronta y expedita; pedir la aplicación de las penas e intervenir en todos los negocios que la ley determine.

El Procurador General de la República intervendrá personalmente en las controversias que se suscitaren entre dos o más Estados de la Unión, entre un Estado y la Federación o entre los Poderes de un mismo Estado.

En todos los negocios en que la Federación fuese parte, en los casos de los diplomáticos y los cónsules generales y en los demás en que deba intervenir el Ministerio Público de la Federación, el Procurador General lo hará por sí o por medio de sus agentes.

El Procurador General de la República será el consejero jurídico del gobierno. Tanto el como sus agentes serán responsables de toda falta, omisión o violación a la ley, en que incurran con motivo de sus funciones.

Artículo 103. Los tribunales de la Federación resolverán toda controversia que se suscite: I. Por leyes o actos de la autoridad que violen las garantías individuales; II. Por leyes o actos de la autoridad federal que vulneren o restrinjan la soberanía de los Estados, y III. Por leyes o actos de las autoridades de estos que invadan la esfera de la autoridad federal.

Artículo 104. Corresponde a los tribunales de la Federación conocer: I. De todas las controversias del orden civil o criminal que se susciten sobre el cumplimiento y aplicación de leyes federales o de los tratados internacionales celebrados por el Estado Mexicano. Cuando dichas controversias solo afecten intereses particulares, podrán conocer también de ellas, a elección del actor, los jueces y tribunales del orden común de los Estados y del Distrito Federal. Las sentencias de primera instancia podrán ser apelables para ante el superior inmediato del juez que conozca del asunto en primer grado; I-B. De los recursos de revisión que se interpongan contra las resoluciones definitivas de los tribunales de lo contencioso-administrativo a que se refiere la fracción XXIX-H del **Artículo** 73 de esta Constitución, solo en los casos que señalen las leyes. Las revisiones, de las cuales conocerán los Tribunales Colegiados de Circuito, se sujetarán a los trámites que la ley reglamentaria de los **Artículos** 103 y 107 de esta Constitución fije para la revisión en amparo indirecto, y en contra de las resoluciones que en ellas dicten los Tribunales Colegiados de Circuito no procederá juicio o recurso alguno; II. De todas las controversias que versen sobre derecho marítimo; III. De aquellas en que la Federación fuese parte; IV. De las que se susciten entre dos o más Estados o un Estado y la Federación, así como de las que surgieren entre los tribunales del Distrito Federal y los de la Federación o un Estado; V. De las que surjan entre un Estado y uno o más vecinos de otro, y VI. De los casos concernientes a miembros del Cuerpo Diplomático y Consular.

Artículo 105. Corresponde solo a la Suprema Corte de Justicia de la Nación conocer de las controversias que se susciten entre dos o más Estados, entre los Poderes de un mismo Estado sobre la constitucionalidad de sus actos y de los conflictos entre la Federación y uno o más Estados, así como de aquellas en que la Federación sea parte en los casos que establezca la ley.

Artículo 106. Corresponde al Poder Judicial de la Federación en los términos de la ley respectiva, dirimir las competencias que se susciten entre los tribunales de la Federación, entre estos y los de los Estados o entre los de un Estado y los de otro.

Artículo 107. Todas las controversias de que habla el **Artículo** 103 se sujetará a los procedimientos y formas del orden gatos que determine la ley, de acuerdo con las bases siguientes:

I. El juicio de amparo se seguirá siempre a instancia de parte agraviada;

II. La sentencia será siempre tal, que solo se ocupe de individuos particulares, limitándose a ampararlos y protegerlos en el caso especial sobre el que verse la queja, sin hacer una declaración general respecto de la ley o acto que la motivare.

En el juicio de amparo deberá suplirse la deficiencia de la queja de acuerdo con lo que disponga la Ley Reglamentaria de los **Artículos** 103 y 107 de esta Constitución.

Cuando se reclamen actos que tengan o puedan tener como consecuencia privar de la propiedad o de la posesión y disfrute de sus tierras, aguas, pastos y montes a los ejidos o a los núcleos de población que de hecho o por derecho guarden el estado comunal, o a los ejidatarios o comuneros, deberán recabarse de oficio todas aquellas pruebas que puedan beneficiar a las entidades o individuos mencionados y acordarse las diligencias que se estimen necesarias para precisar sus derechos agrarios, así como la naturaleza y efectos de los actos reclamados.

En los juicios a que se refiere el párrafo anterior no procederán, en perjuicio de los núcleos ejidales o comunales, o de los ejidatarios o comuneros, el sobreseimiento por inactividad procesal ni la caducidad de la instancia, pero uno y otra si podrán decretarse en su beneficio. Cuando se reclamen actos que afecten los derechos colectivos del núcleo tampoco procederán el desistimiento ni el consentimiento expreso de los propios actos, salvo que el primero sea acordado por la Asamblea General o el segundo emane de esta.

III. Cuando se reclamen actos de tribunales judiciales, administrativos o del trabajo, el amparo solo procederá en los casos siguientes: a) Contra sentencias definitivas o laudos y resoluciones que pongan fin al juicio, respecto de las cuales no proceda ningún recurso ordinario por el que puedan ser modificados o reformados, ya sea que la violación se cometa en ellos o que, cometida durante el procedimiento, afecte a las defensas del quejoso, trascendiendo al resultado del fallo; siempre que en materia civil haya sido impugnada la violación en el curso del procedimiento mediante el recurso ordinario establecido por la ley e invocada como agravio en la segunda instancia, si se cometió en la primera.

Estos requisitos no serán exigibles en el amparo contra sentencias dictadas en controversias sobre acciones del estado civil o que afecten al orden y a la estabilidad de la familia.

b) Contra actos en juicio cuya ejecución sea de imposible reparación, fuera de juicio o después de concluido, una vez agotados los recursos que en su caso procedan, y

d) Contra actos que afecten a personas extrañas al juicio;

IV. En materia administrativa el amparo procede, además, contra resoluciones que causen agravio no reparable mediante algún recurso, juicio o medio de defensa legal. No será necesario agotar estos cuando la ley que los establezca exija, para otorgar la suspensión del acto reclamado, mayores requisitos que los que la Ley Reglamentaria del Juicio de Amparo requiera como condición para decretar esa suspensión;

V. El amparo contra sentencias definitivas o laudos y resoluciones que pongan fin al juicio, sea que la violación se cometa durante el procedimiento o en la sentencia misma, se promoverá ante el Tribunal Colegiado de Circuito que corresponda, conforme a la distribución de competencias que establezca la Ley Orgánica del Poder Judicial de la Federación, en los casos siguientes:

a) En materia penal, contra resoluciones definitivas dictadas por tribunales judiciales, sean estos federales, del orden común o militares.

b) En materia administrativa, cuando se reclamen por particulares sentencias definitivas y resoluciones que ponen fin al juicio dictadas por tribunales administrativos o judiciales, no reparables por algún recurso, juicio o medio ordinario de defensa legal.

c) En materia civil, cuando se reclamen sentencias definitivas dictadas en juicios del orden federal o en juicios mercantiles, sea federal o local la autoridad que dicte el fallo, o en juicios del orden común.

En los juicios civiles del orden federal las sentencias podrán ser reclamadas en amparo por cualquiera de las partes, incluso por la Federación, en defensa de sus intereses patrimoniales, y

d) En materia laboral, cuando se reclamen laudos dictados por las Juntas Locales o la Federal de Conciliación y Arbitraje, o por el Tribunal Federal de Conciliación y Arbitraje de los Trabajadores al Servicio del Estado.

La Suprema Corte de Justicia de oficio o a petición fundada del correspondiente Tribunal Colegiado de Circuito, o del Procurador General de la República, podrá conocer de los amparos directos que por sus características especiales así lo ameriten.

VI. En los casos a que se refiere la fracción anterior, la Ley Reglamentaria de los **Artículos** 103 y 107 de esta Constitución señalará el trámite y los términos a que deberán someterse los Tribunales Colegiados de Circuito y, en su caso, la Suprema Corte de Justicia, para dictar sus respectivas resoluciones;

VII. El amparo contra actos en juicio, fuera de juicio o después de concluido, o que afecten a personas extrañas al juicio, contra leyes o contra actos de autoridad administrativa, se interpondrá ante el juez de Distrito bajo cuya jurisdicción se encuentre el lugar en que el acto reclamado se ejecute o trate de ejecutarse, y su tramitación se limitará el informe de la autoridad, a una audiencia para la que se citará en el mismo auto en el que se mande pedir el informe y se recibirán las pruebas que las partes interesadas ofrezcan y oirán los alegatos, pronunciándose en la misma audiencia la sentencia;

VIII. Contra las sentencias que pronuncien en amparo los jueces de Distrito, procede revisión. De ella conocerá la Suprema Corte de Justicia:

a) Cuando habiéndose impugnado en la demanda de amparo, por estimarlos directamente violatorios de esta Constitución, leyes federales o locales, tratados internacionales, reglamentos expedidos por el Presidente de la República de acuerdo con la fracción I del **Artículo** 89 de esta Constitución y reglamentos de leyes locales expedidos por los gobernadores de los Estados, subsista en el recurso el problema de constitucionalidad.

b) Cuando se trate de los casos comprendidos en las fracciones II y III del **Artículo** 103 de esta Constitución. La Suprema Corte de Justicia de oficio o a petición fundada del correspondiente Tribunal Colegiado de Circuito, o del Procurador General de la República, podrá conocer de los amparos en revisión que por sus características especiales así lo ameriten.

En los casos no previstos en los párrafos anteriores, conocerán de la revisión los Tribunales Colegiados de Circuito y sus sentencias no admitirán recurso alguno;

IX. Las resoluciones que en materia de amparo directo pronuncien los Tribunales Colegiados de Circuito no admiten recurso alguno, a menos que decidan sobre la inconstitucionalidad de una ley o establezcan la interpretación directa de un precepto de la Constitución, caso en que serán recurribles ante la Suprema Corte de Justicia, limitándose la materia del recurso exclusivamente a la decisión de las cuestiones propiamente constitucionales;

X. Los actos reclamados podrán ser objeto de suspensión en los casos y mediante las condiciones y garantías que determine la ley, para lo cual se tomará en cuenta la naturaleza de la violación alegada, la dificultad de reparación de los daños y perjuicios que pueda sufrir el agraviado con su ejecución, los que la suspensión origine a terceros perjudicados y el interés público.

Dicha suspensión deberá otorgarse respecto de las sentencias definitivas en materia penal al comunicarse la interposición del amparo, y en materia civil, mediante fianza que de el quejoso para responder de los daños y perjuicios que tal suspensión ocasionare, la cual quedará sin efecto si la otra parte da contrafianza para asegurar la reposición de las cosas al estado que guardaban si se concediese el amparo, y a pagar los daños y perjuicios consiguientes;

XI. La suspensión se pedirá ante la autoridad responsable cuando se trate de amparos directos promovidos ante los Tribunales Colegiados de Circuito, y la propia autoridad responsable decidirá al respecto; en todo caso, el agraviado deberá presentar la demanda de amparo ante la propia autoridad responsable, acompañando copias de la demanda para las demás partes en el juicio, incluyendo al Ministerio Público y una para el expediente. En los demás casos, conocerán y resolverán sobre la suspensión los juzgados de Distrito;

XII. La violación de las garantías de los **Artículos** 16, en materia penal, 19 y 20 se reclamará ante el superior del tribunal que la cometa, o ante el juez de Distrito que corresponda, pudiéndose recurrir, en uno y otro caso, las resoluciones que se pronuncien, en los términos prescritos por la fracción VIII.

Si el juez de Distrito no residiera en el mismo lugar que reside la autoridad responsable, la ley determinará el juez ante el que se ha de presentar el escrito de amparo, el que podrá suspender provisionalmente el acto reclamado, en los casos y términos que la misma ley establezca;

XIII. Cuando los Tribunales Colegiados de Circuito sustenten tesis contradictorias en los juicios de amparo de su competencia, los ministros de la Suprema Corte de Justicia, el Procurador General de la República, los mencionados tribunales o las partes que intervinieron en los juicios en que dichas tesis fueron sustentadas, podrán denunciar la contradicción ante la Sala que corresponda, a fin de que decida cual tesis debe prevalecer.

Cuando las Salas de la Suprema Corte de Justicia sustenten tesis contradictorias en los juicios de amparo materia de su competencia, cualquiera de esas Salas, el Procurador General de la República o las partes que intervinieron en los juicios en que tales tesis hubieran sido sustentadas, podrán denunciar la contradicción ante la Suprema Corte de Justicia, que funcionando en Pleno decidirá cual tesis debe prevalecer.

La resolución que pronuncien las Salas o el Pleno de la Suprema Corte en los casos a que se refieren los dos párrafos anteriores, solo tendrá el efecto de fijar la jurisprudencia y no afectará las situaciones jurídicas concretas derivadas de las sentencias dictadas en los juicios en que hubiese ocurrido la contradicción;

XIV. Salvo lo dispuesto en el párrafo final de la fracción II de este **Artículo**, se decretará el sobreseimiento del amparo o la caducidad de la instancia por inactividad del quejoso o del recurrente, respectivamente, cuando el acto reclamado sea del orden civil o administrativo, en los casos y términos que señale la ley reglamentaria. La caducidad de la instancia dejará firme la sentencia recurrida;

XV. El Procurador General de la República o el agente del Ministerio Público Federal que al efecto designare, será parte en todos los juicios de amparo; pero podrán abstenerse de intervenir en dichos juicios, cuando el caso de que se trate carezca, a su juicio, de interés público;

XVI. Si concedido el amparo la autoridad responsable insistiere en la repetición del acto reclamado o tratare de eludir la sentencia de la autoridad federal, será inmediatamente separada de su cargo y consignada ante el juez de Distrito que corresponda;

XVII. La autoridad responsable será consignada a la autoridad correspondiente, cuando no suspenda el acto reclamado debiendo hacerlo, y cuando admita fianza que resulte ilusoria o insuficiente, siendo, en estos dos últimos casos, solidaria la responsabilidad civil de la autoridad con el que ofreciere la fianza y el que la prestare, y

XVIII. Los alcaides y carceleros que no reciban copia autorizada del auto de formal prisión de un detenido, dentro de las setenta y dos horas que señala el **Artículo** 19, contadas desde que aquel este a disposición de su juez, deberán llamar la atención de este sobre dicho particular en el acto mismo de concluir el término, y si no reciben la constancia mencionada dentro de las tres horas siguientes, lo pondrán en libertad.

Los infractores del **Artículo** citado y de esta disposición serán consignados inmediatamente a la autoridad competente.

También será consignado a la autoridad o agente de ella, el que, realizada una aprehensión, no pusiere al detenido a disposición de su juez, dentro de las veinticuatro horas siguientes.

Si la detención se verificare fuera del lugar en que reside el juez, al término mencionado se agregará el suficiente para recorrer la distancia que hubiere entre dicho lugar y en el que se efectuó la detención.

Título IV. De las Responsabilidades de los Servidores Públicos

Artículo 108. Para los efectos de las responsabilidades a que alude este título se reputarán como servidores públicos a los representantes de elección popular, a los miembros de los poderes Judicial Federal y Judicial del Distrito Federal, a los funcionarios y empleados, y, en general, a toda persona que desempeñe un empleo, cargo o comisión de cualquier naturaleza en la Administración Pública Federal o en el Distrito Federal, quienes serán responsables por los actos u omisiones en que incurran en el desempeño de sus respectivas funciones.

El Presidente de la República, durante el tiempo de su encargo, solo podrá ser acusado por traición a la Patria y delitos graves del orden común.

Los gobernadores de los Estados, los diputados a las legislaturas locales y los magistrados de los Tribunales Superiores de Justicia locales, serán responsables por violaciones a esta Constitución y a las leyes federales, así como por el manejo indebido de fondos y recursos federales.

Las Constituciones de los Estados de la República precisarán, en los mismos términos del primer párrafo de este **Artículo** y para los efectos de sus responsabilidades, el carácter de servidores públicos de quienes desempeñen empleo, cargo o comisión en los Estados y en los Municipios.

Artículo 109. El Congreso de la Unión y las legislaturas de los Estados, dentro de los ámbitos de sus respectivas competencias, expedirán las leyes de responsabilidades de los servidores públicos y las demás normas conducentes a sancionar a quienes, teniendo este carácter, incurran en responsabilidad, de conformidad con las siguientes prevenciones:

I. Se impondrán, mediante juicio político, las sanciones indicadas en el **Artículo** 110 a los servidores públicos señalados en el mismo precepto, cuando en el ejercicio de sus funciones incurran en actos u omisiones que redunden en perjuicio de los intereses públicos fundamentales o de su buen despacho.

No procede el juicio político por la mera expresión de ideas;

II. La comisión de delitos por parte de cualquier servidor público será perseguida y sancionada en los términos de la legislación penal; y

III. Se aplicarán sanciones administrativas a los servidores públicos por los actos u omisiones que afecten la legalidad, honradez, lealtad, imparcialidad y eficiencia que deban observar en el desempeño de sus empleos, cargos o comisiones.

Los procedimientos para la aplicación de las sanciones mencionadas se desarrollarán autónomamente. No podrán imponerse dos veces por una sola conducta sanciones de la misma naturaleza.

Las leyes determinarán los casos y las circunstancias en los que se deba sancionar penalmente por causa de enriquecimiento ilícito a los servidores públicos que durante el tiempo de su encargo, o por motivos del mismo, por sí o por interpósita persona, aumenten substancialmente su patrimonio, adquieran bienes o se conduzcan como dueños sobre ellos, cuya procedencia licita no pudiesen justificar. Las leyes penales sancionarán con el decomiso y con la privación de la propiedad de dichos bienes, además de las otras penas que correspondan.

Cualquier ciudadano, bajo su más estricta responsabilidad y mediante la presentación de elementos de prueba, podrá formular denuncia ante la Cámara de Diputados del Congreso de la Unión respecto de las conductas a las que se refiere el presente **Artículo**.

Artículo 110. Podrán ser sujetos de juicio político los senadores y diputados al Congreso de la Unión, los ministros de la Suprema Corte de Justicia de la Nación, los Secretarios de Despacho, los Jefes de Departamento Administrativo, los representantes a la Asamblea del Distrito Federal, el titular del órgano u órganos de gobierno del Distrito Federal, el Procurador General de la República, el Procurador General de Justicia del Distrito Federal, los magistrados de Circuito y jueces de Distrito, los magistrados y jueces del Fuero Común del Distrito Federal, los directores generales o sus equivalentes de los organismos descentralizados, empresas de participación estatal mayoritaria, sociedades y asociaciones asimiladas a estas y fideicomisos públicos.

Los gobernadores de los Estados, diputados locales y magistrados de los Tribunales Superiores de Justicia locales, solo podrán ser sujetos de juicio político en los términos de este título por violaciones graves a esta Constitución y a las leyes federales que de ella emanen, así como por el manejo indebido de fondos y recursos federales, pero en este caso la resolución será únicamente declarativa y se comunicará a las legislaturas locales para que en ejercicio de sus atribuciones procedan como corresponda.

Las sanciones consistirán en la destitución del servidor público y en su inhabilitación para desempeñar funciones, empleos, cargos o comisiones de cualquier naturaleza en el servicio público.

Para la aplicación de las sanciones a que se refiere este precepto, la Cámara de Diputados procederá a la acusación respectiva ante la Cámara de Senadores, previa declaración de la mayoría absoluta del número de los miembros presentes en sesión de aquella Cámara, después de haber sustanciado el procedimiento respectivo y con audiencia del inculpado.

Conociendo de la acusación la Cámara de Senadores, erigida en jurado de sentencia, aplicará la sanción correspondiente mediante resolución de las dos terceras partes de los miembros presentes en sesión, una vez practicadas las diligencias correspondientes y con audiencia del acusado.

Las declaraciones y resoluciones de las Cámaras de Diputados y Senadores son inatacables.

Artículo 111. Para proceder penalmente contra los diputados y senadores al Congreso de la Unión, los ministros de la suprema corte de Justicia de la Nación, los secretarios de Despacho, los Jefes de Departamento Administrativo, los representantes a la Asamblea del Distrito Federal, el titular del órgano de gobierno del Distrito Federal, el Procurador General de la República y el Procurador General de Justicia del Distrito Federal, por la comisión de delitos durante el tiempo de su encargo, la Cámara de Diputados declarará por mayoría absoluta de sus miembros presentes en sesión, si han no lugar a proceder contra el inculpado.

Si la resolución de la Cámara fuese negativa se suspenderá todo procedimiento ulterior, pero ello no será obstáculo para que la imputación por la comisión del delito continué su curso, cuando el inculpado haya concluido el ejercicio de su encargo, pues la misma no prejuzga los fundamentos de la imputación.

Si la Cámara declara que ha lugar a proceder, el sujeto quedará a disposición de las autoridades competentes para que actúen en arreglo a la ley.

Por lo que toca al Presidente de la República solo habrá lugar a acusarlo ante la Cámara de Senadores en los términos del **Artículo** 110. En este supuesto, la Cámara de Senadores resolverá con base en la legislación penal aplicable.

Para poder proceder penalmente por delitos federales contra los gobernadores de los Estados, diputados locales y magistrados de los Tribunales Superiores de Justicia de los Estados, se seguirá el mismo procedimiento establecido en este **Artículo**, pero en este supuesto, la declaración de procedencia será para el efecto de que se comunique a las legislaturas locales, para que en ejercicio de sus atribuciones procedan como corresponda.

Las declaraciones y resoluciones de las Cámaras de Diputados o Senadores son inatacables.

El efecto de la declaración de que ha lugar a proceder contra el inculpado será separarlo de su encargo en tanto este sujeto a proceso penal. Si este culmina en sentencia absolutoria el inculpado podrá reasumir su función. Si la sentencia fuese condenatoria y se trata de un delito cometido durante el ejercicio de su encargo, no se concederá al reo la gracia del indulto.

En demandas del orden civil que se entablen contra cualquier servidor público no se requerirá declaración de procedencia.

Las sanciones penales se aplicarán de acuerdo con lo dispuesto en la legislación penal y tratándose de delitos por cuya comisión el autor obtenga un beneficio económico o cause daños o perjuicios patrimoniales, deberán graduarse de acuerdo con el lucro obtenido y con la necesidad de satisfacer los daños y perjuicios causados por su conducta ilícita.

Las sanciones económicas no podrán exceder de tres tantos de los beneficios obtenidos o de los daños o perjuicios causados.

Artículo 112. No se requerirá declaración de procedencia de la Cámara de Diputados cuando alguno de los servidores públicos a que hace referencia el párrafo primero del **Artículo** 111 cometa un delito durante el tiempo en que se encuentre separado en su encargo.

Si el servidor público ha vuelto a desempeñar sus funciones propias o ha sido nombrado o electo para desempeñar otro cargo distinto, pero de los enumerados por el **Artículo** 111, se procederá de acuerdo con lo dispuesto en dicho precepto.

Artículo 113. Las leyes sobre responsabilidades administrativas de los servidores públicos, determinarán sus obligaciones a fin de salvaguardar la legalidad, honradez, lealtad, imparcialidad y eficiencia en el desempeño de sus funciones, empleos, cargos y comisiones; las sanciones aplicables por los actos u omisiones en que incurran, así como los procedimientos y las autoridades para aplicarlas. Dichas sanciones además de las que señalen las leyes, consistirán en suspensión, destitución e inhabilitación, así como en sanciones económicas y deberán establecerse de acuerdo con los beneficios económicos obtenidos por el responsable y con los daños y perjuicios patrimoniales causados por sus actos u omisiones a que se refiere la fracción III del **Artículo** 109, pero que no podrán exceder de tres tantos de los beneficios obtenidos o de los daños y perjuicios causados.

Artículo 114. El procedimiento de juicio político solo podrá iniciarse durante el período en el que el servidor público desempeñe su cargo y dentro de un año después. Las sanciones correspondientes se aplicarán en un período no mayor de un año a partir de iniciado el procedimiento.

La responsabilidad por delitos cometidos durante el tiempo del encargo por cualquier servidor público, será exigible de acuerdo con los plazos de prescripción consignados en la ley penal, que nunca serán inferiores a tres años. Los plazos de prescripción se interrumpen en tanto el servidor público desempeña alguno de los encargos a que hace referencia el **Artículo** 111.

La ley señalará los casos de prescripción de la responsabilidad administrativa tomando en cuenta la naturaleza y consecuencia de los actos y omisiones a que hace referencia la fracción III del **Artículo** 109. Cuando dichos actos u omisiones fuesen graves los plazos de prescripción no serán inferiores a tres años.

Título V. De los Estados de la Federación

Artículo 115. Los Estados adoptarán, para su régimen interior, la forma de gobierno republicano, representativo, popular, teniendo como base de su división territorial y de su organización política y administrativa, el Municipio Libre conforme a las bases siguientes: I. Cada Municipio será administrado por un Ayuntamiento de elección popular directa y no habrá ninguna autoridad intermedia entre este y el Gobierno de Estado.

Los presidentes municipales, regidores y síndicos de los ayuntamientos, electos popularmente por elección directa, no podrán ser reelectos para el período inmediato. Las personas que por elección indirecta, o por nombramiento o designación de alguna autoridad desempeñen las funciones propias de esos cargos, cualquiera que sea la denominación que se les de, no podrán ser electas para el período inmediato. Todos los funcionarios antes mencionados, cuando tengan el carácter de propietarios, no podrán ser electos para el período inmediato con el carácter de suplentes, pero los que tengan el carácter de suplentes si podrán ser electos para el período inmediato como propietarios a menos que hayan estado en ejercicio.

Las legislaturas locales, por acuerdo de las dos terceras partes de sus integrantes, podrán suspender ayuntamientos, declarar que estos han desaparecido y suspender o revocar el mandato a alguno de sus miembros, por alguna de las causas graves que la ley local prevenga, siempre y cuando sus miembros hayan tenido oportunidad suficiente para rendir las pruebas y hacer los alegatos que a su juicio convengan.

En caso de declararse desaparecido un ayuntamiento o por renuncia o falta absoluta de la mayoría de sus miembros, si conforme a la ley no procediere que entraren en funciones los suplentes ni que se celebraren nuevas elecciones, las legislaturas designarán entre los vecinos a los Consejos Municipales que concluirán los períodos respectivos.

Si alguno de los miembros dejare de desempeñar su cargo, será substituido por su suplente, o se procederá según lo disponga la ley; II. Los Municipios estarán investidos de personalidad jurídica y manejarán su patrimonio conforme a la ley.

Los ayuntamientos poseerán facultades para expedir de acuerdo con las bases normativas que deberán establecer las legislaturas de los Estados, los bandos de policía y buen gobierno y los reglamentos, circulares y disposiciones administrativas de observancia general dentro de sus respectivas jurisdicciones; III. Los Municipios, con el concurso de los Estados cuando así fuere necesario y lo determinen las leyes, tendrán a su cargo los siguientes servicios públicos: a) Agua potable y alcantarillado

b) Alumbrado público

c) Limpia

i) Mercados y centrales de abasto

j) Panteones

k) Rastro

l) Calles, parques y jardines

m) Seguridad pública y tránsito,

n) Los demás que las legislaturas locales determinen según las condiciones territoriales y socioeconómicas de los Municipios, así como su capacidad administrativa y financiera.

Los Municipios de un mismo Estado, previo acuerdo entre sus ayuntamientos y con sujeción a la ley, podrán coordinarse y asociarse para la más eficaz prestación de los servicios públicos que les corresponda; IV. Los Municipios administrarán libremente su hacienda, la cual se formará de los rendimientos de los bienes que les pertenezcan, así como de las contribuciones y otros ingresos que las legislaturas establezcan a su favor, y en todo caso: a) Percibirán las contribuciones, incluyendo tasas adicionales, que establezcan los Estados sobre la propiedad inmobiliaria, de su fraccionamiento, división, consolidación, traslación y mejora así como las que tengan por base el cambio de valor de los inmuebles.

Los Municipios podrán celebrar convenios con el Estado para que este se haga cargo de algunas de las funciones relacionadas con la administración de esas contribuciones.

b) Las participaciones federales, que serán cubiertas por la Federación a los Municipios con arreglo a las bases, montos y plazos que anualmente se determinen por las legislaturas de los Estados.

c) Los ingresos derivados de la prestación de servicios públicos a su cargo.

Las leyes federales no limitarán la facultad de los Estados para establecer las contribuciones a que se refieren los incisos a) y

c), ni concederán exenciones en relación con las mismas. Las leyes locales no establecerán exenciones o subsidios respecto de las mencionadas contribuciones, en favor de personas físicas o morales, ni de instituciones oficiales o privadas. Solo los bienes del dominio público de la Federación, de los Estados o de los Municipios estarán exentos de dichas contribuciones.

Las legislaturas de los Estados aprobarán las leyes de ingresos de los ayuntamientos y revisarán sus cuentas públicas. Los presupuestos de egresos serán aprobados por los ayuntamientos con base en sus ingresos disponibles; V. Los Municipios, en los términos de las leyes federales y estatales relativas, estarán facultados para formular, aprobar y administrar la zonificación y planes de desarrollo urbano municipal; participar en la creación y administración de sus reservas territoriales; controlar y vigilar la utilización del suelo en sus jurisdicciones territoriales; intervenir en la regularización de la tenencia de la tierra urbana; otorgar licencias y permisos para construcciones, y participar en la creación y administración de zonas de reservas ecológicas. Para tal efecto y de conformidad a los fines señalados en el párrafo tercero del **Artículo** 27 de esta Constitución, expedirán los reglamentos y disposiciones administrativas que fueren necesarios. VI. Cuando dos o más centros urbanos situados en territorios municipales de dos o más entidades federativas formen o tiendan a formar una continuidad demográfica, la Federación, las entidades federativas y los Municipios respectivos, en el ámbito de sus competencias, planearán y regularán de manera conjunta y coordinada el desarrollo de dichos centros con apego a la ley federal de la materia; VII. El Ejecutivo Federal y los gobernadores de los Estados tendrán el mando de la fuerza pública en; los Municipios donde residieren habitual o transitoriamente; VIII. Las leyes de los estados introducirán el principio de la representación proporcional en la elección de los ayuntamientos de todos los Municipios.

Las relaciones de trabajo entre los Municipios y sus trabajadores, se regirán por las leyes que expidan las legislaturas de los Estados con base en lo dispuesto en el **Artículo** 123 de esta Constitución, y sus disposiciones reglamentarias.

Artículo 116. El poder público de los Estados se dividirá, para su ejercicio, en Ejecutivo, Legislativo y Judicial; y no podrán reunirse dos o más de estos poderes en una sola persona o corporación, ni depositarse el Legislativo en un solo individuo.

Los Poderes de los Estados se organizarán conforme a la Constitución de cada uno de ellos, con sujeción a las siguientes normas: I. Los gobernadores de los Estados no podrán durar en su encargo más de seis años.

La elección de los gobernadores de los Estados y de las legislaturas locales será directa y en los términos que dispongan las leyes electorales respectivas.

Los gobernadores de los Estados, cuyo origen sea la elección popular, ordinaria o extraordinaria en ningún caso y por ningún motivo podrán volver a ocupar ese cargo, ni aun con el carácter de interinos, provisionales, sustitutos o encargados del despacho.

Nunca podrán ser electos para el período inmediato: a) El gobernador sustituto constitucional, o el designado para concluir el período en caso de falta absoluta del constitucional, aun cuando tenga distinta denominación.

b) El gobernador interino, el provisional o el ciudadano que, bajo cualquiera denominación supla las faltas temporales del gobernador, siempre que desempeñe el cargo los dos últimos años del período.

Solo podrá ser gobernador constitucional de un Estado un ciudadano mexicano por nacimiento y nativo de él, o con residencia efectiva no menor de cinco años inmediatamente anteriores al día de la elección; II. El número de representantes en las legislaturas de los Estados será proporcional al de habitantes de cada uno; pero, en todo caso, no podrá ser menor de siete diputados en los Estados cuya población no llegue a 400 mil habitantes; de nueve, en aquellos cuya población exceda de este número y no llegue a 800 mil habitantes, y de 11 en los Estados cuya población sea superior a esta última cifra.

Los diputados a las legislaturas de los Estados no podrán ser reelectos para el período inmediato. Los diputados suplentes podrán ser electos para el período inmediato con el carácter de propietario, siempre que no hubieren estado en ejercicio, pero los diputados propietarios no podrán ser electos para el período inmediato con el carácter de suplentes.

En la legislación electoral respectiva se introducirá el sistema de diputados de minoría en la elección de las legislaturas locales; III. El Poder Judicial de los Estados se ejercerá por los tribunales que establezcan las Constituciones respectivas.

La independencia de los magistrados y jueces en el ejercicio de sus funciones deberá estar garantizada por las Constituciones y las Leyes Orgánicas de los Estados, las cuales establecerán las condiciones para el ingreso, formación y permanencia de quienes sirvan a los Poderes Judiciales de los Estados.

Los magistrados integrantes de los Poderes Judiciales locales deberán reunir los requisitos señalados por el **Artículo** 95 de esta Constitución.

Los nombramientos de los magistrados y jueces integrantes de los Poderes Judiciales locales serán hechos preferentemente entre aquellas personas que hayan prestado sus servicios con eficiencia y probidad en la administración de justicia o que lo merezcan por su honorabilidad, competencia y antecedentes en otras ramas de la profesión jurídica.

Los jueces de primera instancia y los que con cualquiera otra denominación se creen en los Estados, serán nombrados por el Tribunal Superior o por el Supremo Tribunal de Justicia de cada Estado.

Los magistrados durarán en el ejercicio de su encargo el tiempo que señalen las Constituciones locales, podrán ser reelectos, y si lo fueren, solo podrán ser privados de sus puestos en los términos que determinen las Constituciones y las Leyes de Responsabilidad de los Servidores Públicos de los Estados.

Los magistrados y los jueces percibirán una remuneración adecuada e irrenunciable, la cual no podrá ser disminuida durante su encargo; IV. Las Constituciones y leyes de los Estados podrán instituir tribunales de lo contencioso-administrativo dotados de plena autonomía para dictar sus fallos, que tengan a su cargo dirimir las controversias que se susciten entre la Administración Pública Estatal y los particulares, estableciendo las normas para su organización, su funcionamiento, el procedimiento y los recursos contra sus resoluciones; V. Las relaciones de trabajo entre los Estados y sus trabajadores se regirán por las leyes que expidan las legislaturas de los Estados con base en lo dispuesto por el **Artículo** 123 de la Constitución Política de los Estados Unidos Mexicanos y sus disposiciones reglamentarias; y VI. La Federación y los Estados, en los términos de ley, podrán convenir la asunción por parte de estos del ejercicio de sus funciones, la ejecución y operación de obras y la prestación de servicios públicos cuando el desarrollo económico y social lo haga necesario.

Los Estados estarán facultados para celebrar esos convenios con sus Municipios, a efecto de que estos asuman la prestación de los servicios o la atención de las funciones a las que se refiere el párrafo anterior **Artículo** 117. Los Estados no pueden, en ningún caso: I. Celebrar alianza tratado o coalición con otro Estado ni con las potencias extranjeras; II. Derogada; III. Acuñar moneda, emitir papel moneda, estampillas, ni papel sellado; IV. Gravar el tránsito de personas o cosas que atreviesen su territorio; V. Prohibir ni gravar, directa ni indirectamente, la entrada a su territorio, ni la salida de él, a ninguna mercancía nacional o extranjera; VI. Gravar la circulación ni el consumo de efectos nacionales o extranjeros, con impuestos o derechos cuya exención se efectúe por aduanas locales, requiera inspección o registro de bultos, o exija documentación que acompañe la mercancía; VII. Expedir, ni mantener en vigor leyes o disposiciones fiscales que importen diferencias de impuesto o requisitos por razón de la procedencia de mercancías nacionales o extranjeras, ya sea que estas diferencias se establezcan respecto de la producción similar de la localidad, o ya entre producciones semejantes de distinta procedencia; VIII. Contraer directa o indirectamente obligaciones o empréstitos con gobiernos de otras naciones, con sociedades o particulares extranjeros, o cuando deban pagarse en moneda extranjera o fuera del territorio nacional.

Los Estados y los Municipios no podrán contraer obligaciones o empréstitos sino cuando se destinen a inversiones públicas productivas, inclusive los que contraigan organismos descentralizados y empresas públicas, conforme a las bases que establezcan las legislaturas en una ley y por los conceptos y hasta por los montos que las mismas fijen anualmente en los respectivos presupuestos. Los Ejecutivos informarán de su ejercicio al rendir la cuenta pública y, IX. Gravar la producción, el acopio o la venta del tabaco en rama, en forma distinta o con cuotas mayores de las que el Congreso de la Unión autorice.

El Congreso de la Unión y las legislaturas de los Estados dictarán, desde luego, leyes encaminadas a combatir el alcoholismo.

Artículo 118. Tampoco pueden, sin consentimiento del Congreso de la Unión: I. Establecer derechos de tonelaje, ni otro alguno de puertos, ni imponer contribuciones o derechos sobre importaciones o exportaciones; II. Tener, en ningún tiempo, tropa permanente, ni buques de guerra, y III. Hacer la guerra por sí a alguna potencia extranjera, exceptuándose los casos de invasión y de peligro tan inminente que no admita demora. En estos casos darán cuenta inmediata al Presidente de la República.

Artículo 119. Cada Estado tiene obligación de entregar sin demora los criminales de otro Estado o del extranjero, a las autoridades que los reclamen. En estos casos, el auto del juez que mande cumplir la requisitoria de extradición, será bastante para motivar la detención por un mes, si se tratare de extradición entre los Estados, y por dos meses cuando fuere internacional.

Artículo 120. Los gobernadores de los Estados están obligados a publicar y hacer cumplir las leyes federales.

Artículo 121. En cada Estado de la Federación se dará entera fe y crédito a los actos públicos, registros y procedimientos judiciales de todos los otros. El Congreso de la Unión, por medio de leyes generales, prescribirá la manera de probar dichos actos, registros y procedimientos, y el efecto de ellos, sujetándose a las bases siguientes: I. Las leyes de un Estado solo tendrán efecto en su propio territorio y, por consiguiente, no podrán ser obligatorias fuera de él; II. Los bienes muebles e inmuebles se regirán por la ley del lugar de su ubicación; III. Las sentencias pronunciadas por los tribunales de un Estado sobre derechos reales o bienes inmuebles ubicados en otro Estado, solo tendrán fuerza ejecutoria en este, cuando así lo dispongan sus propias leyes.

Las sentencias sobre derechos personales solo serán ejecutadas en otro Estado, cuando la persona condenada se haya sometido expresamente o por razón de domicilio, a la justicia que las pronuncio, y siempre que haya sido citada personalmente para ocurrir al juicio; IV. Los actos del estado civil ajustados a las leyes de un Estado tendrán validez en los otros, y V. Los títulos profesionales expedidos por las autoridades de un Estado, con sujeción a sus leyes, serán respetados en los otros.

Artículo 122. Los Poderes de la Unión tienen el deber de proteger a los Estados contra toda invasión o violencia exterior. En cada caso de sublevación o trastorno interior, les prestarán igual protección, siempre que sean excitados por la legislatura del Estado o por su Ejecutivo, si aquella no estuviere reunida.

Título VI. Del Trabajo y de la Previsión Social

Artículo 123. Toda persona tiene derecho al trabajo digno y socialmente útil; al efecto, se promoverán la creación de empleos y la organización social para el trabajo, conforme a la ley.

El Congreso de la Unión, sin contravenir a las bases siguientes, deberá expedir leyes sobre el trabajo, las cuales regirán: A. Entre los obreros, jornaleros, empleados, domésticos, artesanos y, de una manera general, todo contrato de trabajo:

I. La duración de la jornada máxima será de ocho horas;

II. La jornada máxima de trabajo nocturno será de siete horas. Quedan prohibidas: las labores insalubres o peligrosas, el trabajo nocturno industrial y todo otro trabajo después de las diez de la noche, de los menores de dieciséis años;

III. Queda prohibida la utilización del trabajo de los menores de catorce años. Los mayores de esta edad y menores de dieciséis tendrán como jornada máxima la de seis horas;

IV. Por cada seis días de trabajo deberá disfrutar el operario de un día de descanso, cuando menos;

V. Las mujeres durante el embarazo no realizarán trabajos que exijan un esfuerzo considerable y signifiquen un peligro para su salud en relación con la gestación; gozarán forzosamente de un descanso de seis semanas anteriores a la fecha fijada aproximadamente para el parto y seis semanas posteriores al mismo, debiendo percibir su salario íntegro y conservar su empleo y los derechos que hubieren adquirido por la relación de trabajo. En el período de lactancia tendrán dos descansos extraordinarios por día, de media hora cada uno, para alimentar a sus hijos;

VI. Los salarios mínimos que deberán disfrutar los trabajadores serán generales o profesionales Los primeros regirán en las áreas geográficas que se determinen; los segundos se aplicarán en ramas determinadas de la actividad económica o en profesiones, oficios o trabajos especiales Los salarios mínimos generales deberán ser suficientes para satisfacer las necesidades normales de un jefe de familia, en el orden material, social y cultural, y para proveer a la educación obligatoria de los hijos. Los salarios mínimos profesionales se fijarán considerando, además, las condiciones de las distintas actividades económicas.

Los salarios mínimos se fijarán por una comisión nacional integrada por representantes de los trabajadores, de los patrones y del gobierno, la que podrá auxiliarse de las comisiones especiales de carácter consultivo que considere indispensables para el mejor desempeño de sus funciones.

VII. Para trabajo igual debe corresponder salario igual, sin tener en cuenta sexo, ni nacionalidad

VIII El salario mínimo quedará exceptuado de embargo, compensación o descuento;

IX. Los trabajadores tendrán derecho a una participación en las utilidades de las empresas, regulada de conformidad con las siguientes normas:

a) Una Comisión Nacional, integrada con representantes de los trabajadores, de los patronos y del gobierno, fijará el porcentaje de utilidades que deba repartirse entre los trabajadores.

b) La Comisión Nacional practicará las investigaciones y realizará los estudios necesarios y apropiados para conocer las condiciones generales de la economía nacional. Tomará asimismo en consideración la necesidad de fomentar el desarrollo industrial del país, el interés razonable que debe percibir el capital y la necesaria reinversión de capitales.

c) La misma Comisión podrá revisar el porcentaje fijado cuando existan nuevos estudios e investigaciones que los justifiquen.

d) La ley podrá exceptuar de la obligación de repartir utilidades a las empresas de nueva creación durante un número determinado y limitado de años, a los trabajos de exploración y a otras actividades cuando lo justifique su naturaleza y condiciones particulares.

e) Para determinar el monto de las utilidades de cada empresa se tomará como base la renta gravable de conformidad con las disposiciones de la

Ley del Impuesto sobre la Renta. Los trabajadores podrán formular, ante la oficina correspondiente de la Secretaria de Hacienda y Crédito Público, las objeciones que juzguen convenientes, ajustándose al procedimiento que determine la ley.

f) El derecho de los trabajadores a participar en las utilidades no implica la facultad de intervenir en la dirección o administración de las empresas;

X. El salario deberá pagarse precisamente en moneda de curso legal, no siendo permitido hacerlo efectivo con mercancías, ni con vales, fichas o cualquier otro signo representativo con que se pretenda sustituir la moneda;

XI. Cuando, por circunstancias extraordinarias, deban aumentarse las horas de jornada, se abonará como salario por el tiempo excedente un ciento por ciento más de lo fijado para las horas normales. En ningún caso el trabajo extraordinario podrá exceder de tres horas diarias, ni de tres veces consecutivas. Los menores de dieciséis años no serán admitidos en esta clase de trabajos;

XII. Toda empresa agrícola, industrial, minera o de cualquier otra clase de trabajo, estará obligada, según lo determinen las leyes reglamentarias, a proporcionar a los trabajadores habitaciones cómodas e higiénicas. Esta obligación se cumplirá mediante las aportaciones que las empresas hagan a un fondo nacional de la vivienda a fin de constituir depósitos en favor de sus trabajadores y establecer un sistema de financiamiento que permita otorgar a estos crédito barato y suficiente para que adquieran en propiedad tales habitaciones.

Se considera de utilidad social la expedición de una ley para la creación de un organismo integrado por representantes del Gobierno Federal, de los trabajadores y de los patrones, que administre los recursos del fondo nacional de la vivienda. Dicha ley regulará las formas y procedimientos conforme a los cuales los trabajadores podrán adquirir en propiedad las habitaciones antes mencionadas.

Las negociaciones a que se refiere el párrafo 1.º, de esta fracción, situadas fuera de las poblaciones, están obligadas a establecer escuelas, enfermerías y demás servicios necesarios a la comunidad.

Además, en estos mismos centros de trabajo, cuando su población exceda de doscientos habitantes, deberá reservarse un espacio de terreno, que no será menor de cinco mil metros cuadrados, para el establecimiento de mercados públicos, instalación de edificios destinados a los servicios municipales y centros recreativos.

Queda prohibido en todo centro de trabajo el establecimiento de expendios de bebidas embriagantes y de casas de juegos de azar;

XIII Las empresas, cualquiera que sea su actividad, estarán obligadas a proporcionar a sus trabajadores, capacitación o adiestramiento para el trabajo. La ley reglamentaria determinará los sistemas, métodos y procedimientos conforme a los cuales los patrones deberán cumplir con dicha obligación;

XIV. Los empresarios serán responsables de los accidentes del trabajo y de las enfermedades profesionales de los trabajadores, sufridas con motivo o en ejercicio de la profesión o trabajo que ejecuten; por lo tanto, los patronos deberán pagar la indemnización correspondiente, según que haya traído como consecuencia la muerte o simplemente incapacidad temporal o permanente para trabajar, de acuerdo con lo que las leyes determinen. Esta responsabilidad subsistirá aun en el caso de que el patrono contrate el trabajo por un intermediario;

XV. El patrón estará obligado a observar, de acuerdo con la naturaleza de su negociación, los preceptos legales sobre higiene y seguridad en las instalaciones de su establecimiento, y a adoptar las medidas adecuadas para prevenir accidentes en el uso de las maquinas, instrumentos y materiales de trabajo, así como a organizar de tal manera este, que resulte la mayor garantía para la salud y la vida de los trabajadores, y del producto de la concepción, cuando se trate de mujeres embarazadas. Las leyes contendrán, al efecto, las sanciones procedentes en cada caso;

XVI. Tanto los obreros como los empresarios tendrán derecho para coaligarse en defensa de sus respectivos intereses, formando sindicatos, asociaciones profesionales, etc.;

XVII Las leyes reconocerán como un derecho de los obreros y de los patronos las huelgas y los paros;

XVIII Las huelgas serán licitas cuando tengan por objeto conseguir el equilibrio entre los diversos factores de la producción, armonizando los derechos del trabajo con los del capital. En los servicios públicos será obligatorio para los trabajadores dar aviso con diez días de anticipación, a la Junta de Conciliación y Arbitraje, de la fecha señalada para la suspensión del trabajo. Las huelgas serán consideradas como ilícitas únicamente cuando la mayoría de los huelguistas ejerciere actos violentos contra las personas o las propiedades, o en caso de guerra, cuando aquellos pertenezcan a los establecimientos y servicios que dependan del gobierno;

XIX. Los paros serán lícitos únicamente cuando el exceso de producción haga necesario suspender el trabajo para mantener los precios en un límite costeable, previa aprobación de la Junta de Conciliación y Arbitraje;

XX. Las diferencias o los conflictos entre el capital y el trabajo se sujetará a la decisión de una Junta de Conciliación y Arbitraje, formada por igual número de representantes de los obreros y de los patrones, y uno del gobierno;

XXI. Si el patrono se negare a someter sus diferencias al arbitraje o a aceptar el laudo pronunciado por la Junta, se dará por terminado el contrato de trabajo y quedará obligado a indemnizar al obrero con el importe de tres meses de salario, además de la responsabilidad que le resulte del conflicto. Esta disposición no será aplicable en los casos de las acciones consignadas en la fracción siguiente. Si la negativa fuere de los trabajadores, se dará por terminado el contrato de trabajo;

XXII El patrono que despida a un obrero sin causa justificada o por haber ingresado a una asociación o sindicato, o por haber tomado parte en una huelga licita, estará obligado, a elección del trabajador, a cumplir el contrato a indemnizarlo con el importe de tres meses de salario. La ley determinará los casos en que el patrono podrá ser eximido de la obligación de cumplir el contrato mediante el pago de una indemnización

Igualmente tendrá la obligación de indemnizar al trabajador con el importe de tres meses de salario cuando se retire del servicio por falta de probidad del patrono o por recibir de él malos tratamientos, ya sea en su persona o en la de su cónyuge, padres, hijos o hermanos. El patrono no podrá eximirse de esta responsabilidad cuando los malos tratamientos provengan de dependientes o familiares que obren con el consentimiento o tolerancia de él;

XXIII Los créditos en favor de los trabajadores por salario o sueldos devengados en el último año, y por indemnizaciones, tendrán preferencia sobre cualesquiera otros en los casos de concurso o de quiebra;

XXIV De las deudas contraídas por los trabajadores a favor de sus patronos, de sus asociados, familiares o dependientes, solo será responsable el mismo trabajador, y en ningún caso y por ningún motivo se podrá exigir a los miembros de su familia, ni serán exigibles dichas deudas por la cantidad excedente del sueldo del trabajador en un mes;

XXV El servicio para la colocación de los trabajadores será gratuito para estos, ya se efectúe por oficinas municipales, bolsas de trabajo o por cualquiera otra institución oficial o particular. En la prestación de este servicio se tomará en cuenta la demanda de trabajo y, en igualdad de condiciones, tendrán prioridad quienes representen la única fuente de ingresos en su familia;

XXVI Todo contrato de trabajo celebrado entre un mexicano y un empresario extranjero deberá ser legalizado por la autoridad municipal competente y visado por el cónsul de la nación a donde el trabajador tenga que ir, en el concepto de que, además de las cláusulas ordinarias, se especificará claramente que los gastos de repatriación quedan a cargo del empresario contratante;

XXVII Serán condiciones nulas y no obligarán a los contrayentes, aunque se expresen en el contrato:

a) Las que estipulen una jornada inhumana, por lo notoriamente excesiva, dada la índole del trabajo.

b) Las que fijen un salario que no sea remunerador a juicio de las Juntas de Conciliación y Arbitraje.

c) Las que estipulen un plazo mayor de una semana para la percepción del jornal.

d) Las que señalen un lugar de recreo, fonda, café, taberna cantina o tienda para efectuar el pago del salario cuando no se trate de empleados en esos establecimientos.

e) Las que entrañen obligaciones directa o indirecta de adquirir los **Artículos** de consumo en tiendas o lugares determinados.

f) Las que permitan retener el salario en concepto de multa.

g) Las que constituyan renuncia hecha por el obrero de las indemnizaciones a que tengan derecho por accidente del trabajo y enfermedades profesionales, perjuicios ocasionados por el incumplimiento del contrato o por despedírsele de la obra.

h) Todas las demás estipulaciones que impliquen renuncia de algún derecho consagrado a favor del obrero en las leyes de protección y auxilio a los trabajadores;

XXVIII Las leyes determinarán los bienes que constituyan el patrimonio de la familia, bienes que serán inalienables, no podrán sujetarse a gravámenes reales ni embargos, y serán transmisibles a título de herencia con simplificación de las formalidades de los juicios sucesorios;

XXIX Es de utilidad pública la Ley del Seguro Social, y ella comprenderá seguros de invalidez, de vejez, de vida, de cesación involuntaria del trabajo, de enfermedades y accidentes, de servicios de guardería y cualquier otro encaminado a la protección y bienestar de los trabajadores, campesinos, no asalariados y otros sectores sociales y sus familiares;

XXX Asimismo, serán consideradas de utilidad social, las sociedades cooperativas para la construcción de casas baratas e higiénicas, destinadas a ser adquiridas en propiedad por los trabajadores en plazos determinados, y

XXXI La aplicación de las leyes del trabajo corresponde a las autoridades de los Estados, en sus respectivas jurisdicciones, pero es de la competencia exclusiva de las autoridades federales en los asuntos relativos a:

a) Ramas industriales:

1. Textil;

2. Eléctrica;

3. Cinematográfica;

4. Hulera;

6. Minera;

7. Metalúrgica y siderúrgica, abarcando la explotación de los minerales básicos, el beneficio y la fundición de los mismos, así como la obtención de hierro metálico y acero a todas sus formas y ligas y los productos laminados de los mismos;

8. De Hidrocarburos;

9. Petroquímica;

10. Cementera;

11. Calera;

12. Automotriz incluyendo autopartes mecánicas o eléctricas;

13. Química, incluyendo la química farmacéutica y medicamentos;

14. De celulosa y papel;

15. De aceites y grasas vegetales;

16. Productora de alimentos, abarcando exclusivamente la fabricación de los que sean empacados, enlatados o envasados, o que se destinen a ello;

17. Elaboradora de bebidas que sean envasadas o enlatadas o que se destinen a ello;

18. Ferrocarrilera;

19. Maderera básica, que comprende la producción de aserradero y la fabricación de triplay o aglutinados de madera;

20. Vidriera, exclusivamente por lo que toca a la fabricación de vidrio plano, liso o labrado, o de envases de vidrio, y

21. Tabacalera, que comprende el beneficio o fabricación de productos de tabaco.

b) Empresas:

1. Aquellas que sean administradas en forma directa o descentralizada por el Gobierno Federal;

2. Aquellas que actúen en virtud de un contrato o concesión federal y las industrias que les sean conexas, y

3. Aquellas que ejecuten trabajos en zonas federales o que se encuentren bajo jurisdicción federal en las aguas territoriales o en las comprendidas en la zona económica exclusiva de la Nación.

También será competencia exclusiva de las autoridades federales, la aplicación de las disposiciones de trabajo en los asuntos relativos a conflictos que afecten a dos o más entidades federativas; contratos colectivos que hayan sido declarados obligatorios en más de una entidad federativa; obligaciones patronales en materia educativa, en los términos de ley; y respecto a las obligaciones de los patrones en materia de capacitación y adiestramiento de sus trabajadores, así como de seguridad e higiene en los centros de trabajo para lo cual las autoridades federales contarán con el auxilio de las estatales, cuando se trate de ramas o actividades de jurisdicción local, en los términos de la ley reglamentaria correspondiente. B. Entre los Poderes de la Unión, el gobierno del Distrito Federal y sus trabajadores:

I. La jornada diaria máxima de trabajo diurna y nocturna será de ocho y siete horas, respectivamente. Las que excedan serán extraordinarias y se pagarán con un ciento por ciento más de la remuneración fijada para el servicio ordinario. En ningún caso el trabajo extraordinario podrá exceder de tres horas diarias ni de tres veces consecutivas;

II. Por cada seis días de trabajo, disfrutará el trabajador de un día de descanso, cuando menos, con goce de salario íntegro;

III. Los trabajadores gozarán de vacaciones, que nunca serán menores de veinte días al año;

IV. Los salarios serán fijados en los presupuestos respectivos, sin que su cuantía pueda ser disminuida durante la vigencia de estos.

En ningún caso los salarios podrán ser inferiores al mínimo para los trabajadores en general en el Distrito Federal y en las entidades de la República;

V. A trabajo igual corresponderá salario igual, sin tener en cuenta el sexo;

VI. Solo podrán hacerse retenciones, descuentos, deducciones o embargos al salario en los casos previstos en las leyes;

VII. La designación del personal se hará mediante sistemas que permitan apreciar los conocimientos y aptitudes de los aspirantes. El Estado organizará escuelas de administración pública;

VIII Los trabajadores gozarán de derechos de escalafón a fin de que los ascensos se otorguen en función de los conocimientos, aptitudes y antigüedad. En igualdad de condiciones, tendrá prioridad quien represente la única fuente de ingreso en su familia;

IX. Los trabajadores solo podrán ser suspendidos o cesados por causa justificada, en los términos que fije la ley

En caso de separación injustificada tendrán derecho a optar por la reinstalación de su trabajo o por la indemnización correspondiente, previo el procedimiento legal. En los casos de supresión de plazas, los trabajadores afectados tendrán derecho a que se les otorgue otra equivalente a la suprimida o a la indemnización de ley;

X. Los trabajadores tendrán el derecho de asociarse para la defensa de sus intereses comunes Podrán, asimismo, hacer uso del derecho de huelga previo el cumplimiento de los requisitos que determine la ley, respecto de una o varias dependencias de los Poderes Públicos, cuando se violen de manera general y sistemática los derechos que este **Artículo** les consagra;

XI. La seguridad social se organizará conforme a las siguientes bases mínimas:

a) Cubrirá los accidentes y enfermedades profesionales; las enfermedades no profesionales y maternidad; y la jubilación, la invalidez, vejez y muerte

b) En caso de accidente o enfermedad, se conservará el derecho al trabajo por el tiempo que determine la ley.

c) Las mujeres durante el embarazo no realizarán trabajos que exijan un esfuerzo considerable y signifiquen un peligro para su salud en relación con la gestación; gozarán forzosamente de un mes de descanso antes de la fecha fijada aproximadamente para el parto y de otros dos después del mismo, debiendo percibir su salario íntegro y conservar su empleo y los derechos que hubieren adquirido por la relación de trabajo. En el período de lactancia tendrán dos descansos extraordinarios por día, de media hora cada uno, para alimentar a sus hijos. Además, disfrutarán de asistencia medica y obstétrica, de medicinas, de ayudas para la lactancia y del servicio de guarderías infantiles.

d) Los familiares de los trabajadores tendrán derecho a asistencia medica y medicinas, en los casos y en la proporción que determine la ley.

e) Se establecerán centros para vacaciones y para recuperación, así como tiendas económicas para beneficio de los trabajadores y sus familiares.

f) Se proporcionarán a los trabajadores habitaciones baratas en arrendamiento o venta, conforme a los programas previamente aprobados. Además, el Estado mediante las aportaciones que haga, establecerá un fondo nacional de la vivienda a fin de constituir depósitos en favor de dichos trabajadores y establecer un sistema de financiamiento que permita otorgar a estos crédito barato y suficiente para que adquieran en propiedad habitaciones cómodas e higiénicas, o bien para construirlas, repararlas, mejorarlas o pagar pasivos adquiridos por estos conceptos

Las aportaciones que se hagan a dicho fondo serán enteradas al organismo encargado de la seguridad social, regulándose en su ley y en las que correspondan, la forma y el procedimiento conforme a los cuales se administrará el citado fondo y se otorgarán y adjudicarán los créditos respectivos;
XII. Los conflictos individuales, colectivos o intersindicales serán sometidos a un Tribunal Federal de Conciliación y Arbitraje, integrado según lo prevenido en la ley reglamentaria.

Los conflictos entre el Poder Judicial de la Federación y sus servidores serán resueltos por el Pleno de la Suprema Corte de Justicia de la Nación;
XIII Los militares, marinos y miembros de los cuerpos de seguridad pública, así como el personal del servicio exterior, se regirán por sus propias leyes.

El Estado proporcionará a los miembros en el activo del Ejército, Fuerza Aérea y Armada, las prestaciones a que se refiere el inciso f) de la fracción XI de este apartado, en términos similares y a través del organismo encargado de la seguridad social de los componentes de dichas instituciones;
XIII bis. Las instituciones a que se refiere el párrafo quinto del **Artículo** 28, regirán sus relaciones laborales con sus trabajadores por lo dispuesto en el presente apartado; y

XIV. La ley determinará los cargos que serán considerados de confianza. Las personas que los desempeñen disfrutarán de las medidas de protección al salario y gozarán de los beneficios de la seguridad social.

Título VII. Prevenciones Generales

Artículo 124. Las facultades que no están expresamente concedidas por esta Constitución a los funcionarios federales, se entienden reservadas a los Estados.

Artículo 125. Ningún individuo podrá desempeñar a la vez dos cargos federales de elección popular, ni uno de la Federación y otro de un Estado que sean también de elección; pero el nombrado puede elegir entre ambos, el que quiera desempeñar.

Artículo 126. No podrá hacerse pago alguno que no este comprendido en el presupuesto o determinado por ley posterior.

Artículo 127. El Presidente de la República, los ministros de la Suprema Corte de Justicia de la Nación, los diputados y senadores al Congreso de la Unión, los representantes a la Asamblea del Distrito Federal y los demás servidores públicos recibirán una remuneración adecuada e irrenunciable por el desempeño de su función, empleo, cargo o comisión, que será determinada anual y equitativamente en los Presupuestos de Egresos de la Federación y del Distrito Federal o en los presupuestos de las entidades paraestatales, según corresponda.

Artículo 128. Todo funcionario público, sin excepción alguna, antes de tomar posesión de su encargo, prestará la protesta de guardar la Constitución y las leyes que de ella emanen.

Artículo 129. En tiempo de paz, ninguna autoridad militar puede ejercer más funciones que las que tengan exacta conexión con la disciplina militar Solamente habrá comandancias militares fijas y permanentes en los castillos, fortalezas y almacenes que dependan inmediatamente del Gobierno de la Unión; o en los campamentos, cuarteles o depósitos que, fuera de las poblaciones, estableciere para la estación de las tropas.

Artículo 130. Corresponde a los Poderes Federales ejercer en materia de culto religioso y disciplina externa la intervención que designen las leyes. Las demás autoridades obrarán como auxiliares de la Federación.

El Congreso no puede dictar leyes estableciendo o prohibiendo religión cualquiera.

El matrimonio es un contrato civil. Este y los demás actos del estado civil de las personas son de la exclusiva competencia de los funcionarios y autoridades del orden civil, en los términos prevenidos por las leyes, y tendrán la fuerza y validez que las mismas les atribuyan.

La simple promesa de decir verdad y de cumplir las obligaciones que se contraen, sujeta al que la hace, en caso de que faltare a ella, a las penas que con tal motivo establece la ley.

La ley no reconoce personalidad alguna a las agrupaciones religiosas denominadas iglesias.

Los ministros de los cultos serán considerados como personas que ejercen una profesión y estarán directamente sujetos a las leyes que sobre la materia se dicten.

Las legislaturas de los Estados únicamente tendrán facultad de determinar, según las necesidades locales, el número máximo de ministros de los cultos. Para ejercer en México el ministerio de cualquier culto se necesita ser mexicano por nacimiento.

Los ministros de los cultos nunca podrán, en reunión pública o privada constituida en junta, ni en actos de culto o de propaganda religiosa, hacer critica de las leyes fundamentales del país, de las autoridades en particular, o en general del gobierno, no tendrán voto activo ni pasivo, ni derecho para asociarse con fines políticos

Para dedicar al culto nuevos locales abiertos al público se necesita permiso de la Secretaria de Gobernación, oyendo previamente al Gobierno del Estado Debe haber en todo templo un encargado de él, responsable ante la autoridad del cumplimiento de las leyes sobre disciplina religiosa, en dicho templo, y de los objetos pertenecientes al culto.

El encargado de cada templo, en unión de diez vecinos más, avisará desde luego a la autoridad municipal quien es la persona que esta a cargo del referido templo. Todo cambio se avisará por el ministro que cese, acompañado del entrante y diez vecinos más. La autoridad municipal, bajo pena de destitución y multa hasta mil pesos por cada paso, cuidará del cumplimiento de esta disposición; bajo la misma pena llevará un libro de registro de los templos, y otro de los encargados. De todo permiso para abrir al público un nuevo templo, o del relativo al cambio de un encargado, la autoridad municipal dará noticia a la Secretaria de Gobernación, por conducto del gobernador del Estado. En el interior de los templos podrán recaudarse donativos en objetos muebles.

Por ningún motivo se revalidará, otorgará dispensa o se determinará cualquier otro trámite que tenga por fin dar validez, en los cursos oficiales, a estudios hechos en los establecimientos destinados a la enseñanza profesional de los ministros de los cultos. La autoridad que infrinja esta disposición será penalmente responsable, y la dispensa o trámite referidos, será nulo y traerá consigo la nulidad del título profesional para cuya obtención haya sido parte la infracción de este precepto.

Las publicaciones periódicas de carácter confesional, ya sean por su programa, por su título o simplemente por sus tendencias ordinarias, no podrán comentar asuntos políticos nacionales, ni informar sobre actos de las autoridades del país, o de particulares, que se relacionen directamente con el funcionamiento de las instituciones públicas.

Queda estrictamente prohibida la formación de toda clase de agrupaciones políticas cuyo título tenga alguna palabra o indicación cualquiera que la relacione con alguna confesión religiosa. No podrán celebrarse en los templos reuniones de carácter político.

No podrá heredar por sí ni por interpósita persona, ni recibir, por ningún título, un ministro de cualquier culto, un «inmueble» ocupado por cualquiera asociación de propaganda religiosa o de fines religiosos o de beneficencia. Los ministros de los cultos tienen incapacidad legal para ser herederos, por testamento, de los ministros del mismo culto o de un particular con quien no tengan parentesco dentro del cuarto grado.

Los bienes muebles o inmuebles del clero o de asociaciones religiosas, se regirán, para su adquisición por particulares, conforme al **Artículo** 27 de esta Constitución.

Los procesos por infracción a las anteriores bases nunca serán vistos en jurado.

Artículo 131. Es facultad privativa de la Federación gravar las mercancías que se importen o exporten, o que pasen de tránsito por el territorio nacional, así como reglamentar en todo tiempo y aun prohibir, por motivos de seguridad o de policía, la circulación en el interior de la República de toda clase de efectos, cualquiera que sea su procedencia; pero sin que la misma Federación pueda establecer, ni dictar, en el Distrito Federal, los impuestos y leyes que expresan las fracciones VI y VII del **Artículo** 117.

El Ejecutivo podrá ser facultado por el Congreso de la Unión para aumentar, disminuir o suprimir las cuotas de las tarifas de exportación e importación expedidas por el propio Congreso, y para crear otras, así como para restringir y para prohibir las importaciones, las exportaciones y el tránsito de productos, **Artículos** y efectos, cuando lo estime urgente, a fin de regular el comercio exterior, la economía del país, la estabilidad de la producción nacional, o de realizar cualquiera otro propósito en beneficio del país. El propio Ejecutivo, al enviar al Congreso el presupuesto fiscal de cada año, someterá a su aprobación el uso que hubiese hecho de la facultad concedida.

Artículo 132. Los fuertes, los cuarteles, almacenes de depósito y demás bienes inmuebles destinados por el Gobierno de la Unión al servicio público o al uso común, estarán sujetos a la jurisdicción de los Poderes Federales en los términos que establezca la ley que expedirá el Congreso de la Unión; más para que lo estén igualmente los que en lo sucesivo adquieran dentro del territorio de algún Estado, será necesario el consentimiento de la legislatura respectiva.

Artículo 133. Esta Constitución, las leyes del Congreso de la Unión que emanen de ella y todos los tratados que estén de acuerdo con la misma, celebrados y que se celebren por el Presidente de la República, con aprobación del Senado, serán la Ley Suprema de toda la Unión. Los jueces de cada Estado se arreglarán a dicha Constitución, leyes y tratados, a pesar de las disposiciones en contrario que pueda haber en las Constituciones o leyes de los Estados.

Artículo 134. Los recursos económicos de que dispongan el Gobierno Federal y el Gobierno de Distrito Federal, así como sus respectivas administraciones públicas paraestatales, se administrarán con eficiencia, eficacia y honradez para satisfacer los objetivos a los que estén destinados.

Las adquisiciones, arrendamientos y enajenaciones de todo tipo de bienes, prestación de servicios de cualquier naturaleza y la contratación de obra que realicen, se adjudicarán o llevarán a cabo a través de licitaciones públicas mediante convocatoria pública para que libremente se presenten proposiciones solventes en sobre cerrado, que será abierto públicamente, a fin de asegurar al Estado las mejores condiciones disponibles en cuanto a precio, calidad, financiamiento, oportunidad y demás circunstancias pertinentes.

Cuando las licitaciones a que hace referencia el párrafo anterior no sean idóneas para asegurar dichas condiciones, las leyes establecerán las bases, procedimientos, reglas, requisitos y demás elementos para acreditar la economía, eficacia, eficiencia, imparcialidad y honradez que aseguren las mejores condiciones para el Estado.

El manejo de recursos económicos federales se sujetará a las bases de este **Artículo**.

Los servidores públicos serán responsables del cumplimiento de estas bases en los términos del título cuarto de esta Constitución.

Título VIII. De las Reformas de la Constitución

Artículo 135. La presente Constitución puede ser adicionada o reformada Para que las adiciones o reformas lleguen a ser parte de la misma, se requiere que el Congreso de la Unión, por el voto de las dos terceras partes de los individuos presentes, acuerde las reformas o adiciones, y que estas sean aprobadas por la mayoría de las legislaturas de los Estados. El Congreso de la Unión o la Comisión Permanente en su caso, harán el computo de los votos de las legislaturas y la declaración de haber sido aprobadas las adiciones o reformas.

Título IX. De la Inviolabilidad de la Constitución

Artículo 136. Esta Constitución no perderá su fuerza y vigor, aun cuando por alguna rebelión se interrumpa su observancia. En caso de que por cualquier trastorno público se establezca un gobierno contrario a los principios que ella sanciona, tan luego como el pueblo recobre su libertad, se restablecerá su observancia, y con arreglo a ella y a las leyes que en su virtud se hubieren expedido, serán juzgados, así los que hubieren figurado en el gobierno emanado de la rebelión, como los que hubieren cooperado a esta.

Artículos TRANSITORIOS

Artículo PRIMERO. Esta Constitución se publicará desde luego y con la mayor solemnidad se protestará guardarla y hacerla guardar en toda la República; pero con excepción de las disposiciones relativas a las elecciones de los Supremos Poderes Federales y de los Estados, que desde luego entran en vigor, no comenzará a regir sino desde el día 1.º de mayo de 1917, en cuya fecha deberá instalarse solemnemente el Congreso Constitucional y prestar la protesta de ley el ciudadano que resultare electo en las próximas elecciones para ejercer el cargo de Presidente de la República.

En las elecciones a que debe convocarse, conforme al **Artículo** siguiente, no regirá la fracción V del **Artículo** 82, ni será impedimento para ser diputado o senador estar en servicio activo en el Ejército, siempre que no se tenga mando de fuerza en el distrito electoral respectivo; tampoco estarán impedidos para poder ser electos al próximo Congreso de la Unión, los Secretarios y Subsecretarios de Estado, siempre que estos se separen definitivamente de sus puestos el día que se expida la convocatoria respectiva.

Artículo SEGUNDO. El Encargado del Poder Ejecutivo de la Nación, inmediatamente que se publique esta Constitución, convocará a elecciones de Poderes Federales, procurando que estas se efectúen de tal manera que el Congreso quede constituido en tiempo oportuno, a fin de que hecho el computo de los votos emitidos en las elecciones presidenciales, pueda declararse quien es la persona designada como Presidente de la República, a efecto de que pueda cumplirse lo dispuesto en el **Artículo** anterior.

Artículo TERCERO. El próximo período constitucional comenzará a contarse, para los diputados y senadores desde el 1.º de septiembre próximo pasado y, para el Presidente de la República, desde el 1.º de diciembre de 1916.

Artículo CUARTO. Los senadores que en las próximas elecciones llevaren número par, solo durarán dos años en el ejercicio de su encargo, para que la Cámara de Senadores pueda renovarse en lo sucesivo, por mitad, cada dos años.

Artículo QUINTO. El Congreso de la Unión elegirá a los magistrados de la Suprema Corte de Justicia de la Nación, en el mes de mayo próximo, para que este alto Cuerpo quede solemnemente instalado el 1.º de Junio.
En estas elecciones no regirá el **Artículo** 96 en lo relativo a las propuestas de candidatos por las legislaturas locales; pero los nombrados lo serán solo para el primer período de dos años que establece el **Artículo** 94.

Artículo SEXTO. El Congreso de la Unión tendrá un período extraordinario de sesiones que comenzará el 15 de abril de 1917, para erigirse en Colegio Electoral, hacer el cómputo de votos y calificar las elecciones de Presidente de la República, haciendo la declaratoria respectiva; y además, para expedir la Ley Orgánica de los Tribunales de Circuito y de Distrito, la Ley Orgánica de los Tribunales del Distrito Federal y Territorios, a fin de que la Suprema Corte de Justicia de la Nación haga inmediatamente los nombramientos de magistrados de Circuito y jueces de Distrito, y el mismo Congreso de la Unión, las elecciones de magistrados **Artículo** CUARTO. Los senadores que en las próximas elecciones llevaren número par, solo durarán dos años en el ejercicio de su encargo, para que la Cámara de Senadores pueda renovarse en lo sucesivo, por mitad, cada dos años.

Artículo QUINTO. El Congreso de la Unión elegirá a los magistrados de la Suprema Corte de Justicia de la Nación, en el mes de mayo próximo, para que este alto Cuerpo quede solemnemente instalado el 1.º de junio.

118

En estas elecciones no regirá el **Artículo** 6.º en lo relativo a las propuestas de candidatos por las legislaturas locales; pero los nombrados lo serán solo para el primer período de dos años que establece el **Artículo** 94.

Artículo SEXTO. El Congreso de la Unión tendrá un período extraordinario de sesiones que comenzará el 15 de abril de 1917, para erigirse en Colegio Electoral, hacer el cómputo de votos y calificar las elecciones de Presidente de la República, haciendo la declaratoria respectiva; y además, para expedir la Ley Orgánica de los Tribunales de Circuito y de Distrito, la Ley Orgánica de los Tribunales del Distrito Federal y Territorios, a fin de que la Suprema Corte de Justicia de la Nación haga inmediatamente los nombramientos de magistrados de Circuito y jueces de Distrito, y el mismo Congreso de la Unión, las elecciones de magistrados, jueces de primera instancia del Distrito Federal y Territorios; expedirá también todas las leyes que consultare el Poder Ejecutivo de la Nación. Los magistrados de Circuito y los jueces de Distrito, y los magistrados y jueces del Distrito Federal y Territorios, deberán tomar posesión de su cargo antes del 1.º de julio de 1917, cesando entonces los que hubieren sido nombrados por el actual encargado del Poder Ejecutivo de la Nación.

Artículo SÉPTIMO. Por esta vez, el cómputo de los votos para senadores se hará por la junta computadora del primer distrito electoral de cada Estado o Distrito Federal, que se formará para la computación de los votos de diputados, expidiéndose por dicha junta, a los senadores electos, las credenciales correspondientes.

Artículo OCTAVO. La Suprema Corte de Justicia de la Nación resolverá los amparos que estuvieren pendientes, sujetándose a las leyes actuales en vigor.

Artículo NOVENO. El ciudadano Primer Jefe del Ejército Constitucionalista, Encargado del Poder Ejecutivo de la Unión, queda facultado para expedir la Ley Electoral, conforme a la cual deberán celebrarse, esta vez, las elecciones para integrar los Poderes de la Unión.

Artículo DÉCIMO. Los que hubieren figurado en el gobierno emanado de la rebelión contra el legítimo de la República, o cooperado a aquella, combatiendo después con las armas en la mano, o sirviendo empleos o cargos de las facciones que han atacado al Gobierno Constitucionalista, serán juzgados por las leyes vigentes, siempre que no hubieren sido indultados por este.

Artículo DECIMOPRIMERO. Entre tanto el Congreso de la Unión y los de los Estados legislan sobre los problemas agrario y obrero, las bases establecidas por esta Constitución para dichas leyes se pondrán en vigor en toda la República.

Artículo DECIMOSEGUNDO. Los mexicanos que hayan militado en el Ejército Constitucionalista, los hijos y viudas de estos, y las demás personas que hayan prestado servicios a la causa de la Revolución o a la instrucción pública, tendrán preferencia para la adquisición de fracciones a que se refiere el **Artículo** 27 y derecho a los descuentos que las leyes señalaran.

Artículo DECIMOTERCERO. Quedan extinguidas de pleno derecho las deudas que, por razón de trabajo, hayan contraído los trabajadores, hasta la fecha de esta Constitución, con los patronos, sus familiares o intermediarios.

Artículo DECIMOCUARTO. Queda suprimida la Secretaria de Justicia.

Artículo DECIMOQUINTO. Se faculta al ciudadano Encargado del Poder Ejecutivo de la Unión para que expida la ley de responsabilidad civil aplicable a los autores, cómplices y encubridores de los delitos cometidos contra el orden constitucional en el mes de febrero de 1913 y contra el Gobierno Constitucionalista.

Artículo DECIMOSEXTO. El Congreso Constitucional, en el período ordinario de sus sesiones, que comenzará el 1.º de septiembre de este año, expedirá todas las leyes orgánicas de la Constitución que no hubieren sido ya expedidas en el período extraordinario a que se refiere el **Artículo** 69 transitorio, y dará preferencia a las leyes relativas a garantías individuales, y **Artículos** 30, 32, 33, 35, 36, 38, 107 y parte final del **Artículo** 111 de esta Constitución.

Artículo DECIMOSÉPTIMO. Los diputados que se elijan a la LIV Legislatura del Congreso de la Unión, durarán en funciones del 19 de septiembre de 1988 hasta el 31 de octubre de 1991.

Artículo DECIMOCTAVO. Los senadores que se elijan a las LIV y LV Legislaturas del Congreso de la Unión durarán en funciones del 19 de septiembre de 1988 al 31 de octubre de 1994, y los que se elijan para la LIV Legislatura, que serán los nombrados en segundo lugar, durarán en funciones del 1.º de septiembre de 1988 al 31 de octubre de 1991.

Artículo DECIMONOVENO. La Comisión Permanente se integrará con 37 miembros en los términos del **Artículo** 78 de esta Constitución a partir del primer receso de la LIV Legislatura al H. Congreso de la Unión.
Dada en el Salón de Sesiones del Congreso Constituyente en Querétaro, a 31 de enero de 1917.

Libros a la carta

A la carta es un servicio especializado para
empresas,
librerías,
bibliotecas,
editoriales
y centros de enseñanza;
y permite confeccionar libros que, por su formato y concepción, sirven a los propósitos más específicos de estas instituciones.

Las empresas nos encargan ediciones personalizadas para marketing editorial o para regalos institucionales. Y los interesados solicitan, a título personal, ediciones antiguas, o no disponibles en el mercado; y las acompañan con notas y comentarios críticos.

Las ediciones tienen como apoyo un libro de estilo con todo tipo de referencias sobre los criterios de tratamiento tipográfico aplicados a nuestros libros que puede ser consultado en Linkgua-ediciones.com.

Linkgua edita por encargo diferentes versiones de una misma obra con distintos tratamientos ortotipográficos (actualizaciones de carácter divulgativo de un clásico, o versiones estrictamente fieles a la edición original de referencia).

Este servicio de ediciones a la carta le permitirá, si usted se dedica a la enseñanza, tener una forma de hacer pública su interpretación de un texto y, sobre una versión digitalizada «base», usted podrá introducir interpretaciones del texto fuente. Es un tópico que los profesores denuncien en clase los desmanes de una edición, o vayan comentando errores de interpretación de un texto y esta es una solución útil a esa necesidad del mundo académico.

Asimismo publicamos de manera sistemática, en un mismo catálogo, tesis doctorales y actas de congresos académicos, que son distribuidas a través de nuestra Web.

El servicio de «libros a la carta» funciona de dos formas.

1. Tenemos un fondo de libros digitalizados que usted puede personalizar en tiradas de al menos cinco ejemplares. Estas personalizaciones pueden ser de todo tipo: añadir notas de clase para uso de un grupo de estudiantes,

introducir logos corporativos para uso con fines de marketing empresarial, etc. etc.

2. Buscamos libros descatalogados de otras editoriales y los reeditamos en tiradas cortas a petición de un cliente.